限界の現代史
イスラームが破壊する欺瞞の世界秩序

内藤正典

Naito Masanori

a pilot of wisdom

目次

はじめに —— 8

第一章　限界のEU、啓蒙の限界 —— 15

「難民」に揺れるヨーロッパ社会／難民か移民か、それが問題だ／露呈した「会員制」リベラルの排外主義／「基準」を決めるのは常にヨーロッパという傲慢／多文化主義の盲点／自らの価値観を疑わない西欧社会の詭弁／「テロリスト」と「難民」と「移民」という隣人／何が若者たちをISやテロに引き付けるのか？／「同化政策の亡霊」がヨーロッパを彷徨っている／「フランス共和国主義」に求めた国民のアイデンティティ／

スカーフ問題が露呈した「ライシテ」の欺瞞／
移民を「よそ者」として扱い続けたドイツ／
増殖するイスラームがドイツを滅ぼす？／
同化ではなく「多文化主義」を採ったイギリス／
グローバルな「西欧の欺瞞」に気づいてしまった若者たち／
難民をめぐる「トルコ対ＥＵ」の対立／
「進歩」への妄信が招く「啓蒙」の限界

第二章　限界の国民国家

地図からＩＳは消えたけれど……／「国民国家」は普遍的な概念なのか？／
「領域」「国民」「主権」で異なる「国家」のパラダイム／
独裁者の主人は誰なのか？／クルド独立、「国民国家の幻影」が繰り返す悲劇／
キルクークの石油がクルド独立の生命線／
「国民国家」という幻想が中東にもたらしたもの／
ヨーロッパでも揺らぎ始めた「領域国民国家」の概念／

メルケル首相の決断・二〇一五年八月二五日／
なぜメルケル首相は難民を受け入れたのか？

第三章　限界の国連 ―― 107

シリア内戦が露呈した「国連の無力」／
国連が世界秩序であった時代は終わった／
主権国家が自国民を虐殺する「想定外」／「分担金」が踏みにじる一票の平等／
独裁者は「最後まで嘘をつき続ける」／
ロシア外交のトラウマとなったリビア内戦／
大国を「利用する」現実主義の独裁者たち／
イスラエルはアサド政権の継続を望んでいる／
トランプ政権のシリア攻撃を決定づけた、化学兵器とイスラエル／
アメリカとロシアがまとめた大義なき解決／
誰もアサド大統領を止められない／
二〇一三年の段階でアサド政権軍の力を削ぐべきだった／

展望の見えないシリア内戦後の処理／「シリアの再分割」は問題の解決にはならない／自壊を始めた「メッカの守護者」サウジアラビア／拡散したサウジアラビア留学生がジハード主義者に？／越境するＩＳと繰り返される悲劇／エルサレム首都認定問題／パレスチナや難民を見捨てたアラブ諸国

第四章　限界を超えるためのパラダイムを求めて――159

溶けてゆく国境線、難民というグローバリゼーション／「峻別」することは、何の解決にもならない／意図せざる「グローバル化」が西欧に突き付けるもの／「文明の衝突」というシナリオ／「復讐のサイクル」からは破壊しか生まれない／まずは「殺し合い」をやめるべきだ／トルコとロシアの関係に見る敵対的共存／もう一つの帝国・中国／「中華帝国対オスマン帝国」／

新オスマン主義とは何か／現代における帝国の作り方／オスマン流敵対的共存の交渉術／「アラブの春」、世俗主義者とイスラーム主義者のせめぎ合い／民主化とイスラーム的公正／国民国家の枠組みを少しずつ変えているトルコ／本当のグローバリズムを求めて／「パラダイムの違い」は「優劣」ではない

終章　帝国の狭間で―――215

帝国割拠についていけない「グローバル教育」／難民を受け入れない国家・日本／外国人の労働力を使い捨てる日本／それでも移民を受け入れざるを得ない日本／血統主義と国籍／血統主義に固執する日本、ついに変化したドイツ／報復による秩序の崩壊――ついに現代世界は限界に達した／文民統制の限界／限界の世界

おわりに―――246

はじめに

これは花火ではありません。

二〇一八年三月、シリアの首都ダマスカス近郊にある東グータ地区の市民の頭上に降り注ぐ、シリア政府軍による白リン弾と報道されています。残念ながら日本の報道でシリア内戦の情報を見ることは稀《まれ》ですが、インターネットで海外メディアを見れば、老若男女を問わないシリア市民の被害の画像、映像の数々が毎日のように配信されていますし、SNSでは空爆下のシリア市民が惨状を訴え、国際社会の助けを求め、発信しています。

私は三五年前、シリアに留学していました。そして、現在激しい空襲にさらされているこのグータの村々を毎日訪ね歩いては、当時すでに失われつつあった水利慣行を村の長老たちから聞き取りしていたのです。私の研究テーマはグータのオアシスでの沙漠化の問題でした（一九八七年の「地理学評論」の英文誌にその論文が載っています）。

そこは、グータ・デイマシュクと呼ばれ、「エデンの園」に喩《たと》えられてきた果樹の緑に覆われた、沙漠に隣接しているとは思えない美しいオアシスの森でした。

2018年３月23日東グータ地区のドゥーマへの空爆（写真提供：AFP＝時事）

グータはバラダ川がダマスカスの扇状地に吸い込まれていくところに広がるオアシスで、伏流水が地下の浅いところを流れているので、灌漑《かんがい》によって野菜や果物を作ってきました。果樹はアンズや桃、プラムにアーモンドなどです。夏は灼熱《しゃくねつ》の暑さですが、グータ・オアシスの森に入るとひんやりして、家族づれがピクニックに訪れる安らぎの場でした。

オアシスの外側に向かうとだんだんと樹木が減り、綿や小麦を栽培しているマルジという地域になります。当時でも、都市化で表流水のカナート（水路）が途切れてしまって水量が減り、井戸を深く掘らないと灌漑できませんでした。

思い出すのはマルジ・スルターンという小さな村。住民がすべてシャルカス（アラビア語。トルコ語だとチェルケス）、つまりコーカサス系の人で、男性は勇猛果敢、女性はその美貌で知られていました。私は日干し煉瓦《れんが》の家から顔を覗《のぞ》かせている金髪の女性たちがあまりに美しく仰天したことを覚えています。

若いころ通い続けたグータの村々が、今や最悪の人道危機の舞台となってしまいました。胸が塞がれる思いです（グータはその後、二〇一八年四月に、政府軍とロシア軍の激しい空爆によって、反政府勢力がほぼ壊滅しました）。

二〇〇一年におきた9・11と呼ばれるアメリカ同時多発テロ事件に端を発する「テロとの戦い」は、その後中東各地で際限なく自国政府が国民を殺戮《さつりく》する蛮行を正当化する理由とされました。一つはっきりしているのは、「テロとの戦い」による犠牲者のほうが、「テロ」の犠牲者よりはるかに多いということです。「テロとの戦い」によって一瞬にして愛する人を奪われることもまた犠牲者から見れば「テロ」であるはずです。

二〇一〇年末にチュニジアから始まった「アラブの春」という民主化運動はエジプトやシリ

アに波及しましたが、その結果エジプトで樹立されたモルシー政権は国防大臣だったシーシーの軍事クーデタで潰されます。シリアのアサド政権は民主化運動を徹底的に弾圧した結果、二一世紀最悪の内戦を招き、国内外に一二〇〇万人を超える避難民を生み出して、解決には程遠い状況です。

アメリカも、EUも、シリアも、ロシアも、イランも、トルコも、イスラエルも、ミャンマーも……、みな「テロとの戦い」を展開していますが、すべて相手が異なります。体制に異議申し立てをしたり、歯向かう人びとはすべて「テロリスト」というわけです。9・11のアメリカ同時多発テロでアメリカが宣言した「テロとの戦い」は、今や世界中に広がったのです。

かくして、見渡してみれば、中東、アフリカ、南アジアでも、世界で同時多発的に人道の危機が発生しています。そして状況の悪化に伴い、人道危機を称賛するようなヘイト（憎悪）の言説が紛争地域のみならず欧米や日本でも溢《あふ》れています。今や世界が危機的状況にあることは疑いようがありません。

こういうときには、一国ナショナリズムに立って「他者」を排除する動きも激しくなる傾向があります。それすらも「テロとの戦い」と呼ばれて正当化されてしまうのです。

人が他人と線引きをして疎外する。民族が他民族と線引きをして疎外する。世俗主義者が信仰者と線引きをして疎外する。行きすぎたイスラーム主義者が他者を背教者として断罪する。すべて線引きは「アイデンティティ」と呼ばれて、みな胸を張って主張します。

今、それぞれの陣営にいるポピュリストたちは、他者との「線引き」のために誇張した物語をでっち上げ、聴きたいことだけを聴く聴衆にガソリンを注ぎ、炎上させています。それが今、世界中でおきていることです。そして、どの国でも政治的主張を問わず排除の言説を拒めなくなって、ポピュリストに擦り寄りはじめており、ＥＵやアメリカはすでにこの流れに逆らえなくなりつつあります。

その一方で、ロシア、中国、イラン、トルコといったかつての「帝国圏」が勃興しつつあります。それらの帝国圏は、それぞれ大ロシア主義、一帯一路、シーア派やスンナ派のイスラーム主義といったコスモロジーを有しています。一方で一国レベルで分極化が進みポピュリズムが台頭し、他方では、西欧型のグローバリズムとは異質なグローバリズムを掲げる帝国的な価値観のせめぎ合いが始まっています。そして、その狭間《はざま》に、日本は漂っているのです。残念ながら日本では、長く続いた政権下でネポティズム（縁故主義）的な利益誘導が横行し、それを咎《とが》められれば官僚は事実の隠蔽や公文書の改竄《かいざん》まで行い、行政のシステムが歪《ゆが》められています。世界における日本の位置づけ以前に法治国家としての基盤が危うい状況です。

こういう時代だからこそ、若い方、特に学生の皆さんには、世界で何がおきているのかを知ってほしいのです。右派、左派などという政治的なレッテル貼りは無用。一つの国の中で争っている場合ではありません（不正を見過ごしてはいけませんが）。今おきている危機は、国境を超えたものですから、古いものの見方では認識できないのです。また、現実におきている事に対する無知は敵愾心《てきがいしん》やヘイト感情を生み、そうした劣化した感情はあっという間に世界中の国々へ伝染していきます。

現代の危機がどんなもので、限界がどこにあり、その原因がどこにあるのか。その限界をどう超えるべきか。

この本は私が専門とする中東とヨーロッパ、イスラーム地域を切り口に現代の「限界」を浮き彫りにしようという試みです。そして、それを考えるためには歴史という縦軸と地理という横軸をもって世界を見る習慣をつけることが大切です。歴史と空間的な広がり――世界はこの二つからなっているのです。そのどちらかが抜けてもだめです。結局地理的、あるいは空間的な問題が認識できないと、簡単に言えば、外国でおきている事を構造的に理解できません。

現代史の限界を知ることは、未来への一歩を知ることにほかなりません。その結果見えてくるものが、どんなに困難な道であったとしても。

第一章　限界のＥＵ、啓蒙《けいもう》の限界

「難民」に揺れるヨーロッパ社会

二〇一七年から一八年にかけては、ヨーロッパ諸国の政治が根底から大きく揺れ動いた一年だったと言えるでしょう。

二〇一七年三月に行われたオランダ議会選挙を皮切りに、五月にはフランス大統領選挙、六月のフランス国民議会選挙、そして九月にはドイツ連邦議会選挙、一〇月にはオーストリア国民議会選挙、二〇一八年三月にはイタリア、四月にはハンガリー、六月にはスロベニア、九月にはスウェーデンで議会選挙が行われました。いずれも「難民・移民政策」や「ＥＵ」の将来像が争点となりました。その大きな要因となったのが、ここ数年来、中東のシリアなどから内戦の戦火を逃れ、ヨーロッパへと押し寄せた一〇〇万人を超える「難民」の存在です。

欧州連合は人間の尊厳に対する敬意、自由、民主主義、平等、法の支配、マイノリティに属する権利を含む人権の尊重という価値観に基づいて設置されている。これらの価値観は多元的共存、無差別、寛容、正義、結束、女性と男性との間での平等が普及する社会において、加盟国に共通するものである。

（「欧州連合基本条約」第二条より、仮訳）

二〇世紀、二度にわたりヨーロッパが発火地点となった世界大戦で数千万の犠牲者と甚大な被害を出したことへの深い反省をふまえ、これまで「自由」や「平等」や「人権」を共通の普遍的な価値として重んじ、EUという一つの共同体として「まとまろう」としてきたかに見えたヨーロッパ。EUとは一つの秩序の構築でした。その秩序は、二度とヨーロッパを戦場にしないために、国家が本質的に備えるものとされていた主権、領域、国民というものを各国が言いたい放題に主張するのではなく、抑制することによって共存を図ろうとしたのです。

しかし現在個別の国の利害を超えて一つになろうとするEUの精神が、押し寄せる難民たちを前に、大きく揺らいでいます。残念ながら、「差別」や「排除」の論理が説得力をもち始め、多くの国が内向きに「国境」を閉じようとしているようにも見えます。

二〇一五年に発生した難民危機をきっかけに、反移民政策を強めたハンガリーを除けば、二〇一七ー一八年の選挙で、排外主義を掲げる政党が単独で勝利し「政権を奪う」という最悪の事態には至りませんでした。しかし、いずれの選挙でも勢力を伸ばし、各国の社会の中に新たな分断と対立を生みながら、これまでのヨーロッパを一変させたことは間違いありません。

「難民」の存在に揺れるヨーロッパ社会が図らずも露呈した「もう一つの顔」。それは、言い換えれば、彼らが普遍的だと信じ、ある意味、近代から現代の背骨ともなってきた価値観や理念に潜む自己矛盾であり、その「限界」でした。

難民か移民か、それが問題だ

「難民とヨーロッパ」の関係を論じるときに、多くの人たちが誤解していることの一つに、ヨーロッパで難民の排斥やムスリムへの差別的な主張をしているのは、いわゆる「極右」や「民族主義者」なのだという思い込みがあります。

例えば、二〇一七年九月に行われたドイツ連邦議会選挙において、一気に九四議席を獲得する大躍進を遂げた、AfD（ドイツのための選択肢）という政党があります。二〇一三年の結党以来、EUの共通政策に反発し、移民・難民の受け入れにも反対の姿勢であることから、日本では「極右政党」と呼ばれていますが、彼ら自身は「リベラル」を標榜《ひょうぼう》しているのです。

二〇一七年の三月に私が同志社大学の学生を連れてベルリンを訪れた際にAfDの市議会議員と議論する機会がありました。そこで、難民問題をテーマに話していたときに、彼はこう言いました。「ドイツに流れ込んで来る連中、あれは保護すべき『難民』ではない、彼らは単なる不法移民なのだ」と。

図1　2015年難民危機時のヨーロッパの亡命申請数

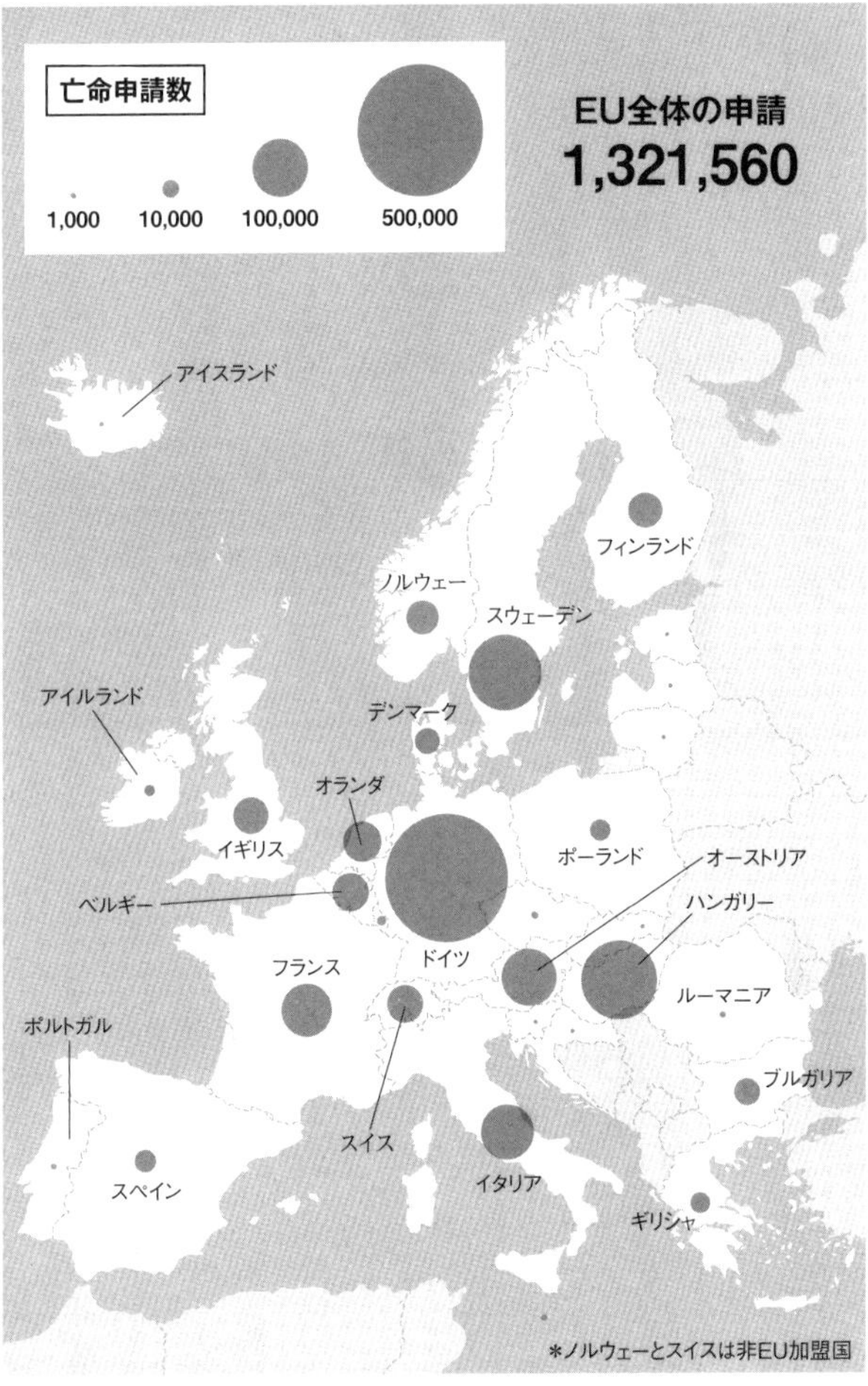

BBCの記事(https://www.bbc.com/news/world-europe-34131911)を元に作成

図2　ドイツへ向かう難民の主要ルート

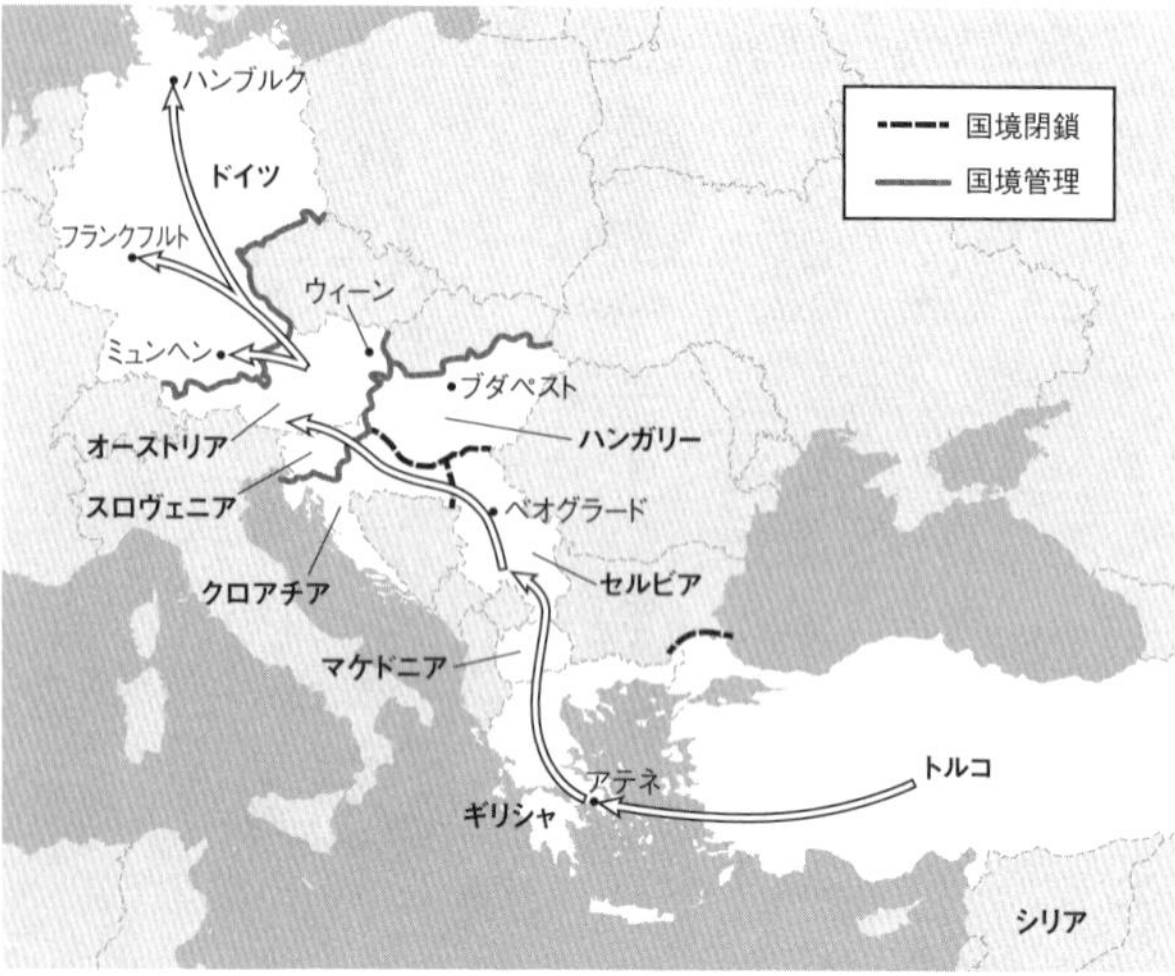

BBCの記事（https://www.bbc.com/news/world-europe-34577943）を元に作成

聞けば「ＥＵでは、シェンゲン協定で認められた圏内の移動の自由が保障されているけれど、それはあくまでもシェンゲン協定の加盟国市民に対するもので、それ以外の、どこから来たのかもわからないような連中には、そもそも、自由移動の権利などない。それなのに、連中は国境を踏み越えて勝手に移動したのだから、金目当ての不法移民に過ぎないのだ」というのです。

そこで私が「ＥＵ圏内の移動については、あなたの言う通りだとしよう。では、その『不法移民』たちは、最初のＥＵ加盟国であるギリシャに入る前、つまり、ＥＵ圏内に入る前どこにいた

図3　ルートごとの地中海難民の死亡者

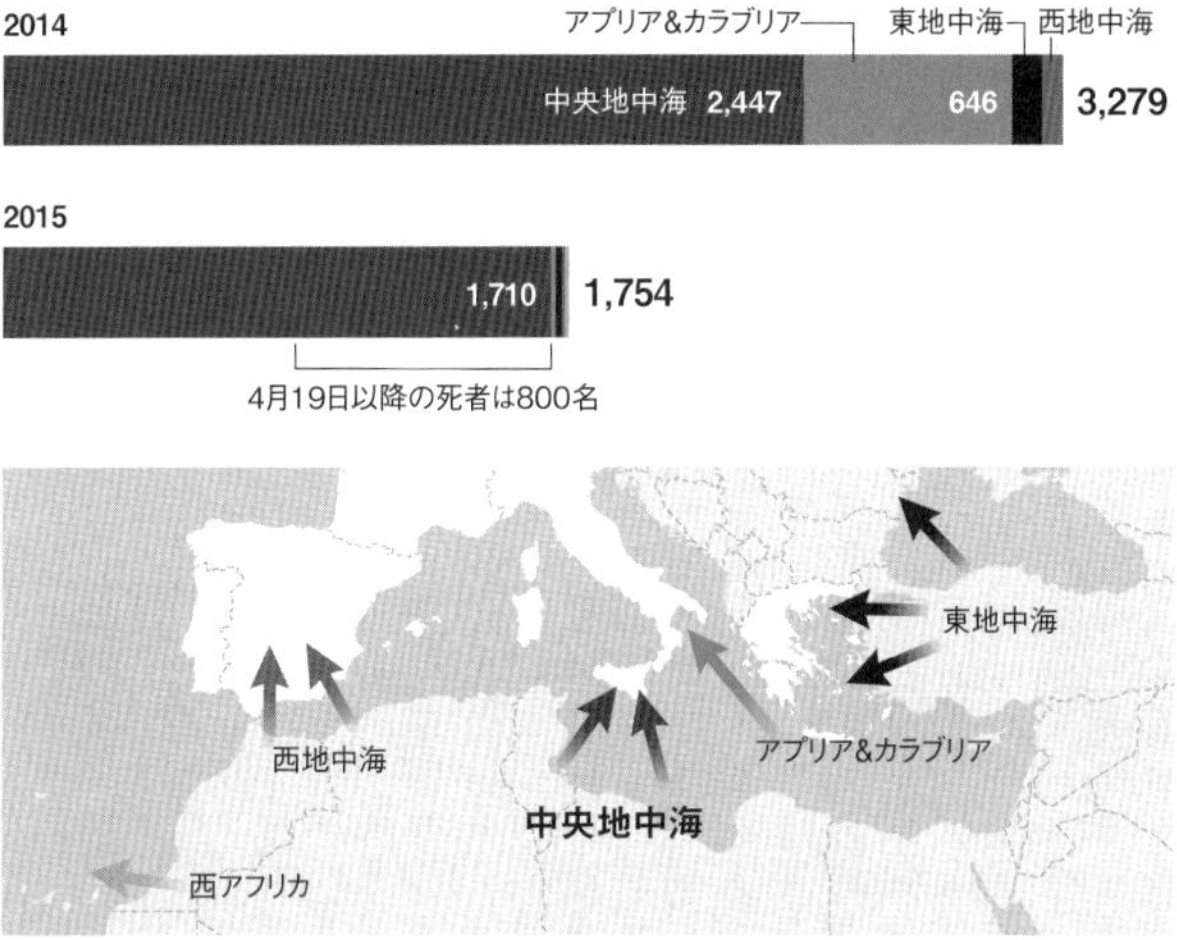

BBCの記事（https://www.bbc.com/news/world-europe-32573389）を元に作成

んだ？」と聞くと、「トルコかレバノンあたりだろう」という。ＡｆＤの議員も、シリアから逃れてきた難民たちがトルコやレバノンを経由してＥＵ圏内に入ってきたことは知っていたようです。

さらに「では、彼らはなぜ、シリアから逃れてきたのか？」と問うと「それは、もちろん、シリアで戦争があったからだ……」と言うので、「では、シリアの戦争から逃れてトルコにいた人間を、あなたがたは『移民』と呼ぶのですか、それとも『難民』と呼ぶのですか？」と問うと、言葉に詰まりながら「いや、それはまぁ難民かもしれない……」と答える。

そこで最後に「わかった、では聞くが、同じ人間であるにもかかわらず、シリア内戦の『難民』がエーゲ海を越えてEU圏内に入った途端、『不法移民』と呼ばれることの正当性はどこにあるんだ？」と聞いてみました。彼らは答えませんでした。

露呈した「会員制」リベラルの排外主義

このやりとりから何がわかるでしょうか。一つは地理的な概念としてのヨーロッパの中に入った途端、同じ人間がどういう属性で、何を語られるかがまったく違ってくる。しかも、それがヨーロッパという、本来、人権や民主主義や自由を重視するはずの国で、保護されるべき「難民」の人たちの属性が「不法移民」という形にすり替えられ、まるで、自由も民主主義も人権も考慮する価値がないかのような存在として扱われようとしているのです。そして、このAfDの人たちもそうなのですが、自分たちを「リベラル」だと主張します。その彼らが、シリアから戦火を逃れてきた「難民」を、トルコやレバノンを経由してEU圏内という地理的な「境界線」を越えた途端、「不法な移民」にしてしまうのです。リベラルが尊重するはずの「リベラルな価値観」は、こうして難民を疎外したのです。

そんなはずはない。彼らは「リベラル」を騙《かた》る「極右」だと言うこともできます。しかし、彼らは、たとえ難民であっても、そのなかにイスラームという異質な文化をもつ人たちが多数含まれることを理由に、ヨーロッパ共通のアイデンティティが脅かされる、だから排除すべきなのだと言います。イスラームが自由や民主主義の敵だ。従って、そのイスラームを信じるムスリムを排除して何が悪い、という理屈を立てているのです。

極右でも民族主義者でもないヨーロッパの市民たちでさえ、その考えに共鳴する人は驚くほど多勢います。

ヘルト・ウィルダース
(写真提供：ullstein bild/UNIPHOTO PRESS)

実をいうと、こうしたドイツのＡｆＤの考え方は、オランダで「極右」と呼ばれるヘルト・ウィルダース党首が率いる自由党や、イギリスのブリテン・ファーストの主張とも共通しています。彼らは伝統的な民族主義や極右的な主張を前面に押し出すのではなく、むしろ、自分たちが守ってきた「リベラルな価値観や社会」を脅かす敵、もしくは脅威として、難民や移民とりわけムスリムの存在を利用することで、これまでの極右や民族主義者以外の、より幅広い層へと支持基盤を拡大することに成功しています。なかでも、規範も価値の体系も現在のヨーロッパとは大きく異なるイスラームは、自由を脅かす存在としてもっとも激しい敵意を向けられることになりました。

これが、近年のヨーロッパに見られる、新しい「ポピュリズム」の特徴だと私は考えています。そしてそれはフランスの国民戦線（FN。二〇一八年六月に「国民連合」に党名変更した）や、一九八〇年代から九〇年代初頭に一部で活発化した「ネオナチ」に代表される、「伝統的な極右」とは異なる形で人びとに認知され、じわじわと支持基盤が広がっています。

彼らの主張からは「戦火を逃れ、家も財産も失って逃げてきた難民たち」を本来は人権を重視する「リベラル」を自称する人たちが差別し、排除するという、新たな現象が浮かび上がることになります。

この排外主義は、西ヨーロッパ諸国だけでなく、東ヨーロッパのポーランド、チェコ、スロバキア、ハンガリーにも広がっています。二〇一五年のヨーロッパ難民危機の際、ドイツがいち早く難民受け入れを表明しましたが、難民が通過したハンガリーには事前の相談がありませんでしたので、ハンガリーのオルバン首相は激しく反発しました。ポーランドやチェコ、スロバキアは直接多くの難民が通過したわけではないのですが、冷戦の崩壊後、EUに加盟したもののの、何かにつけて西ヨーロッパのドイツやフランスがEUを仕切ることに不満を募らせてきました。そういう問題もまた、ヨーロッパのアイデンティティの問題と深く関わっています。

今や、人権の先進国として知られてきた北欧諸国も例外ではありません。デンマーク国民党、スウェーデン民主党、ノルウェー進歩党、真のフィンランド人党、いずれも政党の名前からはわかりませんが、難民・移民規制や反EUの姿勢を打ち出して勢力を伸ばしてきました。二〇一八年九月に行われたスウェーデンの総選挙では、一〇〇年近くも政権の座にある社会民主労働党が史上最低の得票率となり、白人至上主義に起源をもつ排外政党のスウェーデン民主党が躍進しました。さらに、二〇一八年三月のイタリアの総選挙でも、ポピュリスト政党が勝利をおさめました。その結果、北アフリカのリビアから密航してくる難民・移民の救援船のイタリアへの入港が拒否されるという事態が相次いだのです。

これまで、ヨーロッパ諸国が「普遍的な価値」として共有してきたはずの「自由」や「平等」や「人権」は人類すべてに適用されるものではなく、地理的条件や、文化、宗教の違いが、その「適用の範囲外」にいる人たちを作り出している……。シリア内戦によって流れ込んだ一〇〇万人を超える難民の存在が、図らずもあぶりだしたのは、そうしたヨーロッパ社会の限界であり、彼らの「正義」の限界であると言えるかもしれません。

これは、第二次世界大戦の終戦に際し、ビルマで捕虜となりイギリス軍収容所で強制労働を体験した京都大学の歴史学者会田雄次の逸話を彷彿《ほうふつ》させます。会田は収容所内で、捕虜に家畜の餌同様の食物が与えられていたことや、女性兵士が自分の前で全裸で過ごしたりしていた場面を著書『アーロン収容所』（中公新書）で回想し、こう考察しています。それは彼女たちに羞恥心がなかったのではなく、自分たち日本人を人間として見ていなかったからだ、と。難民やそれを生み出している中東やアフリカでの紛争、弾圧に対するヨーロッパの対応、無関心を見ていると、この時とさほど変わっていない現実に気づかされます。

「基準」を決めるのは常にヨーロッパという傲慢

さて、私は今、大量に押し寄せた「難民」の存在が、ヨーロッパ諸国の掲げる「普遍的価値」に潜む欺瞞《ぎまん》や自己矛盾をあぶりだしたのだ……と述べました。

しかし、ＥＵに代表されるそのヨーロッパ諸国がそうした現実を素直に認め、正面から向き合うことができるかと言えば、もちろん、そんなわけはありません。

何といってもヨーロッパには「自由」「平等」「人権」という概念や、それに基づく「民主主義」を生み出した「啓蒙主義」のいわば本家本元であるという自信とプライドがあります。そうした理念は基本的に「人種」や「民族」による差別も認めませんし、「信教の自由」だって保障しています。ましてや偏狭なナショナリズムを理由に「自分たちと異なる誰か」を差別したり、排除したりといったことを正当化することなど、簡単にできるはずがないのです。

それでもなお、中東から押し寄せる「難民」たちを、彼らの信じる「普遍的な価値の適用外」に置こうとするならば、その理由はヨーロッパの側ではなく、むしろ「相手側」にあるのだという理屈が必要です。そうでないと彼らは自己矛盾を認めるはめになります。

そこで何が出てくるかというと、「ヨーロッパ共通の価値」という基準です。つまり相手が「ヨーロッパ共通の価値」を自分たちと同じように受け入れ、その条件を満たしていれば、その相手にはヨーロッパの基本ルールである自由や平等や人権は尊重されるが、その条件を満たさない相手には、適用されないという考え方です。そこでは、リベラル・デモクラシーを守るためにムスリムは敵だという主張が受け入れられてしまいます。

ところが「それでは、そのヨーロッパ共通の価値とは何か?」と尋ねると、これがやはり「自由」「平等」「人権の尊重」……という議論の出発点に戻ってきてしまう。ただし、ここに大きな落とし穴があって、その条件としての「自由」「平等」「人権の尊重」の基準を決めるのは、常にヨーロッパの側なのです。

そのため、難民として流れ込んだムスリムのように「自分たちとは異なる基準」を持つ人たちは「条件を満たしていない人たち」なので、排除しても構わない、あるいは「自分たちの基準に合わせる気があるなら」という条件付きで、ヨーロッパ寛容の精神をもって、あなたたちを受け入れても構わない、という理屈になるわけです。

英語の tolerance は「寛容」と訳されますが、原義としては「耐える」「我慢する」という意味があります。難民をめぐるヨーロッパの対応は基本的にこの言葉のニュアンスと同じといってよいでしょう。これに対して、イスラーム圏のトルコで「寛容」と訳される hoşgörü（ホシュギョリュ）という言葉には、相手を温かく見る感覚が含まれます。実に対照的です。

そして、現実の問題としては、ドイツのメルケル首相が勝手に難民受け入れを決めたのだから、それ以外の国はどこも本気でやりたくない。そのため、ＥＵ加盟二八ヵ国（脱退を決めたイギリスを含む）が束になっても、受け入れた難民を各国がどう分担するのかという具体的な方針は決まらないというのが実情です。それどころかポーランド、ハンガリー、チェコ、スロバキアの四ヵ国は受け入れに強硬に反対しています。スロバキアの首相は「キリスト教徒の難民なら受け入れてもいい」と発言したことで知られています。ハンガリー政府は、二〇一五年の九月にセルビアとの間にフェンスを張り巡らし、実力で難民を排除してしまいました。その結果、置き去りのまま放置されているのが、難民たちの人権であり自由です。難民問題が「EUの矛盾と限界」を暴露してしまったと言っても過言ではありません。

多文化主義の盲点

ところで、こうした「リベラルの排外主義」はどこから生まれたのでしょうか？　一般的に言えば「排外主義」は「極右」の特徴であって、逆に「リベラル」というのは他者に対して「寛容」な思想をもつ人たちだと思われているわけですが、すでに見てきたように、近年のヨーロッパの場合、そうとは言えません。

その典型がオランダです。オランダの社会が非常に奇妙な方向に暴走し始めるのは二〇〇二年ごろからなのですが、そのきっかけとなったのが二〇〇一年の九月一一日。ニューヨークの国際貿易センタービルに旅客機が突っ込んだ、アメリカでの同時多発テロでした。

オランダはアメリカへの移民が多いという歴史的な背景もあり、ヨーロッパの中ではアメリカに対するシンパシーを強く持っている国の一つなのですが、そのオランダ人たちが9・11のテロをきっかけに、突然「自分たちの隣人がテロリストかもしれない」と思い始めてしまったのです。

9・11のテロがおこった当時、オランダには人口比で五パーセントぐらいのムスリムが暮らしていました。彼らは戦後の労働者としてオランダに入って、そのまま定住した人たちですが、それまでのオランダ社会には何も差別がなかったと言ってもよいくらい排外主義の少ない国だったのです。

オランダという国は「多文化主義」を制度として持っています。最低限の義務やルールさえ守ってくれれば、文化的な同化は求めないし、余計な干渉はしないというものです。そして、ネイティブのオランダ人が持つ権利は、基本的に移民や難民にも与えられました。一定の条件さえ満たせば、国籍を取ることもできますし、外国籍のままであっても地方参政権は認められていました。公教育を宗教的な信条に基づいて受けさせることも基本的な人権ですから、後から参入したムスリムでも、子どもをイスラームの価値に従って教育させたいと親が望めば、イスラーム小学校を公立の学校として行政に作ってもらうこともできます。これは、カトリックの信者、プロテスタントの信者、そして無神論の人たちにも同じ権利が与えられていたことに由来しています。先にいた人が持っている権利は、後から来た人にも平等に与えられるという考え方で、高度な平等を保障するものでした。

ただし、この多文化主義にも落とし穴がありました。「私たち」の権利を「あなた方」にも与えるのは良いのですが、そのことは「私たち」が「あなた方」に関心を持ったり、理解したりすることを含意していません。つまり、「私は私」「あなたはあなた」で終わってしまうのです。ですから、長いことオランダ社会はムスリムがどういう人間なのか、イスラームがどんな宗教なのかということにもほとんど関心がありませんでした。しかし、アメリカ同時多発テロをきっかけに、ムスリムはテロをおこす連中なんだという思い込みが一挙に拡散してしまったのです。

日本でもそうですが、「多文化主義」は相手に文化的・社会的な統合を強要する「同化主義」との比較で良いことだともてはやされました。社会学者にも多文化主義を悪くいう人はほとんどいなかったと思います。

しかし、多文化主義には大きな盲点があることを見落としてきたのです。「平等な権利を保障する代わりにお互い干渉はしない」というこのやり方は、裏を返せば「相手に対する無関心」を放置することになってしまいます。日本人は異文化をもつ人たちでも、わりと簡単に話せばわかり合えるなどと言いますが、実は危険なことです。ヨーロッパで多文化主義を制度化した国の場合、相互理解を前提としないという「冷たさ」はありますが、権利の平等については割り切って認めていました。ところが、日本社会にはそういうコンセンサスがありません。一方で、話せばわかり合えるといいながら、他方では「郷に入っては郷に従え」というのが大半の日本人の外国人に対する姿勢だからです。

私は、一九八〇年代からオランダに暮らすトルコ人たちにインタビューを続けているのですが、「多文化主義」の影響はそうした調査の結果にも明確に表れています。

かつて、オランダに暮らすトルコ人たちに差別について尋ねると、彼らは「ドイツと違ってオランダは差別がない良い国だ」とほぼ例外なく答えていました。

おそらく目に見える形での「差別」というのは本当に無かったのだと思いますし、それは彼らがドイツで経験したものとは、明らかに異なっていたのでしょう。

そんな具合ですから、九〇年代までのオランダでは「外国人にも地方参政権を認めるべきだ」とふつうに考えていましたし、実際、それは実現しました。「外国人労働者も税金を払っているのだから、国政への参政権は国籍取得を条件にするとしても、地方参政権ぐらいは与えるのが当然だろう」という議論が自然におきるような雰囲気が存在しました。それは、多文化共存の社会モデルという意味で、一種の理想郷にすら見えたのです。

ところが二〇〇一年九月一一日におきた「アメリカ同時多発テロ」をきっかけに、そうしたオランダの移民、外国人労働者を取り巻く状況は一変します。

9・11のテロからその年の一二月まで、わずか四ヵ月足らずの間にムスリムを標的とした暴行事件が六〇件近くも発生。モスクが放火されたり、イスラームの小学校が投石されるなど、ムスリムへのヘイトクライムは、その後、悪化の一途を辿《たど》り、今ではムスリムの女性が道を歩いているだけでヴェールをはぎ取られたり、唾を吐きかけられたりということも珍しくありません。二〇一八年六月には、オランダ議会では公共の場でのムスリム女性のかぶりもののうち、完全に頭部や顔を覆うタイプのものを禁止する法律が通過しています。

「多文化主義に基づく共存」が実現した、一見、理想的な状態にも思えたオランダが、なぜ、これほど短期間で一変してしまったのでしょうか？　その理由はすでに指摘した「多文化主義の盲点」にありました。多文化主義の名のもと、長い間「不干渉」という原則を貫いていたオランダ人たちは、その裏にある「無関心」のせいで「彼ら」つまり外国から来たムスリム移民たちのことを、「何も知らなかった」のです。

何も見えない暗闇で、突然、知らないものに触れると、思わずビクっとして「恐怖」を感じることがあるように、何十年も同じオランダという国に暮らしながら、「不干渉」の名のもとにお互いを理解する努力を怠ってきた「ムスリムという未知の隣人」が、あの、9・11の衝撃的なテロをきっかけに、突然「潜在的な敵」として発見され、誤った形で「認識」されたのです。もちろん、その発見は自分たちの先入観と勝手な価値基準に基づいたもので、相手とのリアルなコミュニケーションを経て得た発見ではないわけです。

こうして「多文化主義」による共存関係が壊れたことと、ムスリムという隣人が初めて「関心」の対象となったことは最大の不幸でした。それは自分たちの価値観とは異なる「異物」として差別や排除の対象へと変化し、オランダの社会に大きな断絶を生むことになるのです。無関心に基づいた「多文化主義」は実に簡単に他者の排除をもたらす結果となりました。

自らの価値観を疑わない西欧社会の詭弁《きべん》

大学が学年末ということもあって、私は春先にオランダに行くことが多かったのですが、オランダ人というのはともかく「自分たちが人権の擁護者だ」と信じているような人たちなので、毎年、三月八日の国際女性デーには、女性問題に関するシンポジウムが数多く開かれます。

そうした場でほぼ例外なく激しい批判のターゲットになっているのがイスラームとムスリムです。「イスラームは女性に強制的にヴェールをかぶせる（注：強制するケースもあるが最近は女性が自分でかぶる）」とか「ムスリムは少女を無理やり結婚させる（注：それはパターナリズム＝家父長制の問題。イスラームでは原理上は初潮後に結婚可能とするがどの国でも教育制度が整ってくると非現実的な話）」、「ムスリムは女子割礼を行う（注：ムスリム社会で行う地域はあるが、イスラームの規範ではない）」という具合に、ともかく、ありとあらゆるものが批判の対象となり、ムスリムの出席者が厳しい批判を受けることがしばしばあるのです。

もちろん、そうした批判に対して、ムスリムの側も最初のうちは真面目に答えていましたが、そのうちさすがにウンザリしたのでしょう。「悪いが、町のど真ん中に売春宿を置いている国に、そういうことを言われる筋合いはないよ！」という言葉が飛び出します。「そもそもイスラームでは性を商品にして売ることは厳格に禁止されている。それに比べて、お前たちオランダ人は飾り窓（売春街）まで合法化して平然と女性を売り物にしているのに、我々に意見する資格などあるのか！」と反撃に出たのです。

これにオランダ側は何と反論するかというと、驚くなかれ「あれは個人の自由だから」と平然と言ってのけるのです。

しかしその実態を知りたければこの「飾り窓」と呼ばれるオランダの売春街に行って見れば一目瞭然《いちもくりょうぜん》です。そこにいる女性たちの多くは、ヨーロッパ以外のカリブや中南米やアフリカから、あるいは白人なら東欧の貧しい国から、ほとんど「売られてきた」も同然の人たちだからです。世界レベルで経済的な格差が拡大し、そうして自分の身体《からだ》を売らざるを得ない人たちの存在を「個人の自由意志でやっていること」と平然と言い切ってしまう。

「それが人道に反しているとは思わないのか」と問うと、彼らは「思わない」と答えます。

つまり、彼らにとっての「自由」はこのような事例でも正当化されるのに対し、ムスリムが自らの信仰に従って行う行為は「自由」ではなくて「抑圧」であり、それはすなわち「自由への侵害」であるという、実に身勝手な理屈が平然と展開されます。

ここまでエスカレートしてくると、もうオランダ側は言いたい放題で、暴力についても制限が失われてしまいます。なぜならその対象は「自由」を否定する「敵」として定義づけられるからです。

そうした状況の中から現れた政治家の一人に、ピム・フォルタインという人物がいます。彼はリベラル政党である自由民主国民党に所属したこともありましたが、死の直前には自分の名前を冠したピム・フォルタイン党を設立します。彼自身が殺されてしまったので、この政党はすぐに勢いを失いました。この奇妙な政党は、移民や難民問題を厳しく批判する最初の政党となったのです。

その後に登場したのが、自由党の党首ヘルト・ウィルダースです。彼は「これはヨーロッパのアイデンティティの戦いであって、オランダのナショナリズムではないのだ。ヨーロッパのアイデンティティとは徹頭徹尾個人の自由が保障されている、そういう社会であるべきなのだ」と訴えます。

その上で「ただし、イスラームだけはだめだ。あれは個人の自由を認めないファシズムの宗教だ」と決めつけてしまう。つまり、相手は自由の敵であるファシストですから、何をしてもいいということになります。その先にあるのは「だから暴力さえ許される」という明らかに飛躍した論理です。オランダ国内での『クルアーン（コーラン）』販売の禁止、モロッコ系移民の本国送還を訴え、ムスリム女性のかぶりものを禁じる法律を制定させるなど、相次いで反イスラームの排外主義を政策として打ち立てます。

オランダのルッテ首相は、二〇一七年三月のオランダ総選挙の際に突然「握手を拒む人は出て行け」と言い出します。私は最初、何のことだかわからなかったのですが、オランダではムスリムが異性との握手を拒んで問題になるケースが多発していたのです。

もちろん、握手だとか、人に顔を見せるだとか、そういうことがオランダ人にとって個人のコミュニケーションの基本だというのは理解できますし、別にそれは反対しません。しかし、私が驚いたのは、「それを拒んだ人間は即座に排除してても構わない」という、この乱暴な論理にオランダの市民が疑いを持っていないということでした。ムスリムからみれば、握手の強要というのはセクハラです。異性の身体に触ろうとするのですから。イスラームでは、婚姻関係にない異性の他人と身体接触することは避けるべきものとされます。実際には、ムスリムの女性であっても、男性であっても、異性と握手する人もいれば、したくない人もいるだけです。当然のことです。日本人だって、もともと握手やハグの習慣は一般的ではありませんから違和感を持つ人もいるでしょう。少なくとも、それを強制するのが「一国の文化的価値」だというのなら、それは文化的アイデンティティを盾にとって人を排除することになります。

オランダのルッテ首相は、リベラル政党の自由民主国民党です。二〇一七年の総選挙では、排外主義者のウィルダースが作った自由党が大変な勢いで勢力を拡大していました。そこで、リベラル派の首相は、排外主義者のロジックを使って票の流出を避けようとしたのです。このように、今やリベラル派は、自分たちの自由を守るためには、イスラームの信徒の価値に不寛容であってよいということを声高に主張します。

これは、オランダだけの話ではないのです。すべてのヨーロッパ諸国で、イスラームは自由を否定する宗教であり、ムスリムは自由の敵だという前提に立って彼らを排除しようとします。あるいはヨーロッパの価値というものを「踏み絵」に使って、ムスリム移民や難民を選別しようとするのです。リベラルは、自分たちが排外主義に陥っていることに疑いを持っていません。それが、ここにきてあからさまに露呈し始めました。そうなると、後には「衝突」しか残らないのです。

「テロリスト」と「難民」と「移民」という隣人

ムスリムの外国人労働者、あるいは「移民」を差別もしないけれど、干渉もしないという「多文化主義」によって、「異文化の共生」を実現したように見えたオランダの社会が、二〇〇一年の9・11の「アメリカ同時多発テロ」を契機に一変してしまったことでもわかるように、戦闘的なイスラーム主義者が各地で引き起こした一連の「テロ」事件は、イスラームという宗教そのものや、西欧社会に暮らすムスリムの移民たちとの共生に大きな負の影響を与えてしまいました。

中東やアフリカから押し寄せる膨大な数の「難民」と、戦闘的なイスラーム主義者による「テロ」という、本来は分けて考えるべき事柄であるはずのものが、「恐怖」や「脅威」という単語によってヨーロッパ人の意識の中で結びつき、それが、昨日まで同じ社会に暮らす隣人であったはずのムスリム移民に対する認識までも変えてしまう……。少なくとも、移民や難民の圧倒的多数は、暮らしている国の法律に従っているわけですから、彼らを同質的に危険な集団とみなすのは誤認と偏見です。しかしこの「誤認」と「偏見」に満ちた移民への視線によるヨーロッパ社会の分断は日ごとに深刻さを増しています。

イスラームでは本来、他者の信仰が正しいか間違っているかを人間が決めることはできません。ＩＳ（Islamic State：イスラーム国）のような戦闘的なイスラーム主義者による暴力は、イスラームによって政治を正そうとする運動が極端に暴走したものと考えています。暴走の原因については後で書きますが、ここでは一言、長年にわたるムスリムに対する集団的ないじめ、抑圧、差別、暴力の集積が招いたのだろうということだけを指摘しておきます。

イスラーム世界には、かつてのオスマン帝国のように異なる宗教を包摂しながら共存するメカニズムがあります。しかし、ＩＳにはこの寛容のシステムがまったく働いていませんでした。イスラームによる統治の名のもとに、厳しいシャリーア（イスラームの法体系）の運用をしたことはわかりますが、他人の信仰の正邪を勝手にジャッジして一方的に背教者と決めつけ、恐怖によって他者を支配しようという手法は常軌を逸したものだと私は考えています。これは、大多数の一般的なムスリムたちにとっても同じです。

冷静に考えれば、日々、偏見と差別に晒《さら》されているムスリム移民たちも、内戦で祖国を追われ、ヨーロッパに逃れてきた多くの難民たちも、「被害者」であるはずです。しかし、単純に「テロへの恐怖」と結びつけてテロリストと同一視するという、実に致命的な過ちが、ヨーロッパに広がる「社会の分断」の大きな要因となっているのです。

何が若者たちをISやテロに引き付けるのか？

ただし、私がこう言うと「ちょっと待て」と異論を差しはさむ人が必ずいます。

「各地でテロを繰り返し、シリアやイラクで暴虐の限りを働いたISには、ヨーロッパ諸国に暮らしていた多くの若いムスリムが志願兵として加わっているはずだ」「世界各国で『ホーム・グロウン・テロリスト』（外国人ではなく、その国で生まれ育った人間によるテロ）になっているのも、ムスリム移民の二世、三世の若者ではないのか？」と。

たしかに、ヨーロッパ諸国に生まれ育った、少なからぬムスリム移民の若者たちが「志願兵」としてISの戦闘員となり、あるいは自国や隣国で「テロ」を引き起こしています。考えるべきは、何がそうした若者たちをISやテロリズムに走らせたのか、その背景にはどんな不満や怒りが存在するのかということではないでしょうか。

私たちは日頃、「ISの戦闘員」や「テロリスト」と名付けた時点で、即座に「自分たちとは無縁な、特殊で、危険な人たち」と思ってしまいがちです。しかし、ISに洗脳されたとしても、こういう若者たちは、もともとはフランスやイギリスやベルギーやドイツで育ったごくふつうの若者だったはずです。

先進国と呼ばれるヨーロッパ社会で生まれ育ち、戦争も飢餓も経験せずに生まれ育った「ふつうの若者」がなぜ、遠く離れた中東の地で命をかけて戦闘に参加し、あるいは罪もない人たちを巻き込むテロを行うのか？　そこには彼らを「神の教え」へと引き寄せる「不安」や「怒り」「不満」「憤り」といったエネルギー源があるはずです。

「同化政策の亡霊」がヨーロッパを彷徨《さまよ》っている

先にドイツやオランダの例で説明しましたが、もう少し原理的な視点で移民や難民に伴う問題の背景を考えてみましょう。ある民族や国家が力を背景にして、ほかの民族に対して自分たちの文化（言語・伝統・習慣・宗教）などの受け入れを強要することを、一般に同化政策と呼びます。もう少しくだけた表現をするなら、要するに「我々と同じようになれ」「郷に入れば郷に従え」と強いることです。

「異質な存在」とされた側の人間にとっては大変なことですが、これくらいのことは移民も難民も承知しています。しかし、問題は、同化主義というのは、決して、一定のところで同化圧力を止めることはないというところにあります。同化圧力を強めたとしても、相手は自分の存在を否定されたように感じれば、素直に同化に従いません。もちろん、法律には従いますが、ヨーロッパの市民がそうであるように、人生の規範や価値は、個人の相違や多様性を認めてくれたっていいじゃないかと、当然、考えます。そうすると、ホスト社会の側は、「なんだ、同化への努力が足りないじゃないか」と必ず批判を強めるのです。移民や難民が、けなげに同化の努力をしている姿だけは評価されます。「遅れた連中」が頑張っているのは好ましいことだからです。

しかし、決して彼らを対等な社会の構成員と認めることはありません。「○○人としてはよくやってるじゃないか」「○○教徒に似ず、ヨーロッパの価値を尊重しているじゃないか」。ヨーロッパ各国の社会が、同化への努力を続ける移民・難民に示すシンパシーなどその程度のものに過ぎません。逆に、同化の努力をしない人、同化は暴力じゃないかと異論を差しはさむ人たちに対して、ヨーロッパ社会は、どの国であっても、牙をむいて襲い掛かります。

これは、歴史の中では古くから何度も繰り返されてきたことでもあり、特に一九世紀以降、ヨーロッパで近代的な国民国家という概念が確立した後は、各国内の少数民族や植民地に暮らすほかの民族に対して、さまざまな形で行ってきたことと同じです。

国境によって区切られた領域を一つの単位として国家と国民という概念を束ねるために民族的・文化的なアイデンティティを求め、その力が及ぶ領域に暮らす「異質なもの」への同化を強いる、あるいは排除する。それによって国民国家の民族的・文化的統合を実現しようとするのです。

しかし、こうした同化という考え方は、少なくとも第二次世界大戦後のヨーロッパにおいては一種のタブーになります。その大きな理由の一つが、もっとも極端な同化政策の一つとも言える、ナチスによる「強制同化」を思い起こさせるからです。

ナチスが周りを侵略していく過程で「ドイツ国民」のアイデンティティとして求めたのは、人種でした。その結果、占領した土地の人びとのうち「純粋なアーリア人種」は、ドイツ人と同じだと言って強制的な同化を図りました。ユダヤ人やロマに代表されるアーリア人種とは無縁の人びとは「劣等人種」として徹底的に差別されました。文化なら同化も可能でしょうが、人種を生物的に同化することは不可能ですから、それは結果的に大量虐殺という形で他者を排除するホロコーストへとつながります。つまり、異質な人間を排除し、絶滅させていくことと、同質と決めつけた人間を「同化」していくプロセスは表裏一体だったのです。だからこそ、戦後、ドイツはもちろんのこと、他のヨーロッパでもナチス時の「同化」を思い起こさせるこの言葉はタブーとなっていきます。

しかし、それは必ずしも、戦後も強者であり続けた国々の中から同化という意識が消え去ったことを意味するわけではありません。タブーとなり、建前から消えたかに見えた「同化政策の亡霊」は、その後も形を変えてヨーロッパを彷徨い続けているのです。

「フランス共和国主義」に求めた国民のアイデンティティ

まずはフランスの例を見ていきましょう。中東や北アフリカなどからの多くのムスリム移民が暮らすフランスは、ご存じのように「自由」「平等」「博愛（同胞愛あるいは同志への愛）」の精神の下に共和制を営む、いわば民主主義の本家本元を自認するような国ですから、人種や民族によって人を差別したり「フランス共和国市民」のアイデンティティを規定したりはしないということになっています。そのため、自分たちは「同化政策」とは関係ないと思い込んでいる人が多いのですが、実は「イデオロギー的な同化主義」はフランスが一番強いのです。

もちろん、人種や民族の同化ではないですから、当然、白人でも黒人でも関係ありません。表現や言論の自由、信教の自由も保障されています。その代わり、絶対に譲れない条件が「フランス共和国の原理・原則への同化」です。つまり「フランス共和国の精神に共鳴し、身も心もフランスに捧《ささ》げるならば、おまえは一個人としてフランス人になれる」と言っているわけで、これは実質的な思想同化政策です。

そうでなければ、「ラ・マルセイエーズ」などという、恐ろしく好戦的な歌詞の国歌を歌えるはずがありません。何しろ「武器を取れ、市民らよ、隊列を組め、進もう、進もう！　汚れた血が我らの畑の畝《うね》を満たすまで！」……ですから。ほかにも「慈悲は無用だ、敵の母親たちの胸を切り裂け！」というフレーズまであって、歌詞だけ聞けば、ＩＳの歌だと勘違いする人がいても不思議ではないくらいです。

そうした「フランス共和国主義」の中でも、非常に重要な意味を持つのが「ライシテ」と呼ばれる厳格な世俗主義の原則でしょう。個人の思想・信条、そして信教の自由を保障するには、行政（特に公教育）、司法、立法など公的な領域へのあらゆる宗教の関与を排除しなければならないという「ライシテ」の考え方は、もともと、大きな権力を誇っていた「カトリック教会」の影響を政治や教育の場から排除するために生まれたものでした。

すでに述べたように、フランス国民の「アイデンティティ」は人種でも宗教でもなく「フランス共和（国）主義」を共有することが柱になっています。したがって、フランス共和国市民であるためには、この「ライシテ」と呼ばれる政教分離の原則、世俗主義を受け入れ、守ることがその前提となります。

ただし、ここには一つ大きな「問題」が隠されています。自らの信じる宗教に従って行動する自由は、フランス共和国主義の基本理念の一つである「ライシテ」によって制限されるからです。個人であっても、行動する空間は私的なところだけではありません。公的な空間にも、ある宗教の信者は出て行きます。実は、ライシテの原則は、それを許さない面をもっているのです。この問題が表面化する大きなきっかけの一つが、一九八〇年代末以降、大きな議論を呼んだ「公立学校におけるムスリムの女子生徒のスカーフ着用」の問題でした。

ここで一言。日本で政教分離が憲法にうたわれたのは、明治以来、政府が神道という宗教を利用し、日本の針路を誤らせたことと結びついています。靖国《やすくに》神社への政治家の参拝が、近隣諸国からは反発を受けるのもそのためです。フランスでも、もちろん、国家が宗教に関与することはできませんが、実は、こちらはあまり問題になっていません。国家そのものが世俗の国ということになっているのですから、宗教、もちろんフランスの場合はキリスト教カトリックの教会を利用することはできません。ところが、日本と大きな違いが一つあります。日本では、個人の信仰について、他人に強要することはもちろんできませんが、行政に対しては、自分はある宗教の信者だから、できることとできないことがあると主張した場合、必ずしも退けられないのです。神戸の市立高専で、かつて宗教的な教えに従って格闘技をできないのに剣道の授業を強制され、拒否したところ留年させられたというケースがありました。最高裁の判決では、個人の信仰のほうを重くとり、剣道以外にも体育という教科の目的を達成させる道はあったはずだとして学校側が敗訴しています。フランスとは、ここが大きな違いになります。フランスは、個人の側から、行政（公の領域）に対して、宗教的信条から、あることをできないと主張することが許されないのです。

スカーフ問題が露呈した「ライシテ」の欺瞞

ムスリムの女性（アラビア語ではムスリマ）はイスラームの教えに従い、髪やうなじなどを隠すためにかぶりものを身につけます。フランスの公立学校で「公的な場所で宗教的なシンボルを着用するのはライシテの原則に反する」という理由で、女生徒のかぶりもの着用に関する議論が巻き起こったのは、一九八九年のことでした。パリ郊外、クレイユ市にある公立の中学校でかぶりものを着用していたムスリムの女生徒が、それを理由に登校を禁止されたことがきっかけでした。

パリ市内のスカーフあるいはヒジャーブ姿のムスリムの女性
(写真提供：UNIPHOTO PRESS)

かぶりもの着用が、「ライシテの問題」として取り上げられたこと自体に、フランス社会における「ムスリム移民」に対する視線の厳しさが反映されているわけですが、「信仰実践の自由」か、それとも「ライシテの原則」かという「スカーフ論争」は、その後、二〇〇四年に公立学校での宗教的なシンボルを身に着けることを禁ずる、通称「スカーフ禁止法」が制定され、公教育の場でのスカーフ、ヴェールなど女性のかぶりものの着用が禁じられるという形で一応の決着をみることになりました。

この「ライシテの勝利」によって正当化された論理は、その後、どんどん拡大解釈されてゆきます。二〇一〇年には、公共の場でのムスリム女性のかぶりものを禁じる法律（通称ブルカ禁止法）が議会を通過し翌年から施行されました。記憶に新しいところでは、二〇一六年、やはりムスリムの女性たちが着用する、肌の露出を避けるための水着をめぐって、一部の地方自治体が「ビーチでのブルキニ（アフガニスタンの女性が全身を覆うかぶりものの名称だったブルカとビキニをかけた造語）着用を禁止する条例」を制定し、新たな議論を呼んだことを覚えている方もいるかもしれません。

ちなみに、フランスのビーチではトップレスで胸を露《あらわ》にしている女性も珍しくありません。その一方で、ムスリムの女性が肌を隠すための水着の着用が条例で禁じられるのはなぜなのでしょう。

背景には、女性が髪や肌の露出を避けるように定めたイスラームの教えを、非ムスリムの人たちが「女性差別」であると捉え、イスラームを「男女平等を旨とするフランス共和国主義の原則に反するものだ」とする認識があります。女性差別を公認し「女性が肌を露出する自由」を奪うような宗教はフランスの自由と平等の理念に反し、その宗教を公的な場で主張することは、同時にライシテの理念に反する……。しかし、フランスは一つ決定的な誤解をしているのです。だいたいモノに象徴性を見る発想というものはイスラームにはありません。偶像を拝むことを決して許さないイスラームが、たかが女性の衣装に「象徴性」など求めるはずはないのです。

しかし、フランスは女性のかぶりものがイスラームを象徴するものとみなしつづけ「イスラームのヴェール」と呼び続けてきました。もしもあれがイスラームのシンボルなら、ライシテの原則で禁ずるのは筋が通りますが、シンボルなどではあり得ないものを禁じたのですから、まったくの言いがかりに過ぎなかったのです。実際、日本でもどこでも同じことですが、女性が身体をどこまで露出するかは、女性自身が決めるべきことであって、ムスリムの女性たちも同じことをしているだけです。覆うのはイスラームの教えによりますが、ちなみに、これには罰はありません。実態に即していえば、イスラーム圏の社会でも、覆う人もいれば覆わない人もいます。

こうしたロジックが「建前上」は同じフランス共和国市民であり、思想、信条、信仰の自由を認められているはずの「ムスリム移民」に対する差別や偏見を助長し、「フランス共和国主義を守るためには、彼らの信仰の自由を侵しても構わない」という考え方を正当化することにつながってしまったのです。

これをさらに進めれば、フランス共和国主義の原則を守れない連中は「フランス共和国市民としての資格がないのだから出て行け」という主張に発展してしまいます。それはまさに、

「イデオロギー的な同化」への圧力が、個人の人権や信教の自由を踏み潰す……という景色にほかなりません。言うまでもなく、着ているものを脱げと強要することはセクハラです。フランス人に言うと烈火のごとく怒るのは知っていますが、フランスという国は、ムスリムの市民に対しては国家を挙げてセクハラを行う国だということです。そして、そのことを決して認めようとしません。

移民を「よそ者」として扱い続けたドイツ

次にドイツのケースを見てみましょう。ドイツの場合、先ほども触れたようにナチス時代のトラウマから「同化」という言葉にはアレルギーがあるので、移民に対しては英語の integration と同じで「インテグラツィオン」（統合）という表現を使います。フランスと違ってイデオロギー的な同化という考え方は基本的にありません。それでは、彼らは何をもって「統合」だというのでしょうか？

ドイツに暮らすトルコ人たちやモロッコ人たちに話を聞くと、「外の世界」から来た人たちは、当初、自分たちが「同化」を求められていると考えていました。しかし、彼らはやがて「ドイツは同化なんか求めていなかった」ということに気づくのです。

ここで前史としてドイツの移民に対する対応を少し補足しておきます。二〇一六年一年間で、ドイツでのムスリムに対する暴行事件は二〇〇件を上回りました。難民に対して三五〇〇件超という報道もあります。二〇一七年一年間では九五〇件超に達しています。その内訳の多くは、直接的な暴力行為、暴言、ネットでの中傷、女性のスカーフをはがしたり、モスクなどの施設に対する投石行為や、豚の頭を入り口に置いたりといった嫌がらせです。これとは逆に、難民による犯罪も報じられています。世界を騒然とさせたのは、二〇一五年の大晦日《おおみそか》にケルンで起きた女性に対する集団暴行事件です。それこそ右派だけでなく、多くの人たちの中で、難民を多く受け入れたからこんな事件が起きた、犯人はアラブ人だ、ムスリムだから女性をレイプするんだという論調が大勢を占めました。

しかし、この事件の真相は未《いま》だに明らかになっていません。一〇〇〇人もの女性が被害を受けたというのに逮捕されたのは数人にとどまった。容疑者の数はその後増えたものの、実際に立件された数は少なく、極めて不可解な事件でした。むしろ、この事件はあっという間にヨーロッパだけでなく世界に広がって政治問題と化します。メルケル首相の難民受け入れ政策の失敗を批判する声はたいへんな勢いでした。ケルン市長のヘンリエッテ・レーカーは、事件を利用して難民を攻撃することに批判的でしたが、彼女の声は難民、アラブ人、ムスリムへの非難の大合唱の前にかき消されてしまいました。

一方で、ドイツはたしかに一〇〇万人を超える難民を受け入れています。二〇一五年の四月ごろからトルコに逃れていた難民たちがエーゲ海を渡ってギリシャ領に入り、そこから陸路でドイツをめざすようになります。九月にはメルケル首相が、「我々はシリア難民を受け入れる責任がある」と言ったことがきっかけで、ドイツをめざす難民の奔流は止められなくなりました。ドイツは人道の危機に際して責任を果たしました。

しかし、その反面、この人道主義がドイツという国に深刻な亀裂を生むと私は予想していました。というのも、難民危機が発生する以前のドイツでは、もうすでに、イスラームとの共存は無理だという議論が続いていたからです。二〇〇〇年ごろに突然、ライトクルトゥーア（規範的な文化）という言葉を保守系のＣＤＵ（キリスト教民主同盟）とＣＳＵ（キリスト教社会同盟）が言い出しました。ドイツには「規範的文化」があるというのです。もちろんこれは、元からいるドイツ人に向けられた言葉ではなく、移民たちにそれを学ばなければ、「あなたたちは、ドイツにいる資格がない」と暗に言っているわけです。

ところが、ではそのライトクルトゥーアが何を指しているのかということになると、議論がはっきりしなかったのです。ドイツの規範的文化という言葉は、ある種、ナチスの時代を思い起こさせるところがあります。ドイツが固有の文化をもっているという発想は、ドイツ人以外の存在を排除するときに使われたからです。一八世紀末から一九世紀にかけて、ロマンティシズムという文芸・芸術運動がおこりますが、例えばワーグナーの楽劇の世界に描かれる中世のドイツやグリムの童話に描かれる情景を、ドイツの原風景と思い込ませていくのも、学問的な正確さよりも、自分たちの文化の源流に思いを馳《は》せ、一つの民族なんだという自覚を呼びさますのに効果的でした。保守系の政党がこの議論を二一世紀になろうというときになって持ち出したことに左派政党は反発しました。しかし、ライトクルトゥーアの話は、その後、現実味を帯びていきます。

ちょうど二〇〇〇年に、ドイツは国籍法を変えます。こちらは移民にとって、希望の持てる方向への変化でした。基本的には国籍取得に必要な滞在年数を短くして、ドイツで生まれた外国人の子どもは二三歳満了まで自動的にドイツ国民とみなすことにします。ただし、その後、ドイツ国籍かもとの国籍かを選ばなければなりません。それまでドイツは、頑《かたく》なに血統主義を国籍の基本としていたため（日本と同じです）、ドイツ人の親をもたない移民は原則的にドイツ人ではないと扱われ、ドイツ国籍を取るのが非常に難しかったのです。

しかしすぐに、移民がドイツの社会の価値やルールを学んでいないのに、甘やかすのかという議論になり、二〇〇八年から「統合テスト」に合格しないと国籍取得ができないことにしたのです。もちろん、ここではドイツの規範的文化が問題として出題されます。ただしそれは、基本的には戦後ドイツが大切にしてきた民主主義や自由を規範的な文化とする問題です。もちろんそこにドイツの歴史や文化についての問題も加わりますし、何より、ドイツ語の能力が求められています。

ドイツで八〇年代に移民問題の調査をやっていたときの話なのですが、連邦政府には移民・難民・統合問題のオンブズパーソンという役職があります。当時は、リーゼロッテ・フンケという非常に公平な人が務めていましたが、私は彼女に訊《き》いたのです。「ドイツ社会に外国人として来て、統合されることが必要だとドイツでは言われていますが、そのインテグラツィオンというのはどういう意味なのでしょうか?」と。しかしそれに対する答えは「ドイツ語ができて適切な職を得る」というものでした。異質な人間を「統合」することが必要だと言うものの、統合とは何のことかとなると、実に便宜的と思える答えしか返ってこないのです。私は、そのことに違和感を覚えました。

要するにドイツ人の頭の中には「トルコ人がドイツ人になる」あるいは「ムスリムがドイツ人になる」という発想は初めからなかったのです。先ほど触れたように、ドイツは戦後も「血

「統主義」の国籍概念を変えませんでした。フンケ氏自身は、大変誠実に移民問題に取り組んだ人ですが、その彼女をもってしても、移民を統合するということについて、受け入れ社会のドイツが歩み寄らなければならないという発想はありませんでした。

すでに述べたように、「血統主義」による国籍の原則は、二〇〇〇年代に入って少しずつ変わりました。人口の一〇パーセントを外国出身の人たちが占めるようになって、現在は二〇パーセントを超えています。

ドイツ社会には移民が多すぎるという議論がずっとありました。ドイツの保守政党は九〇年代には「ドイツは移民国家ではない」という主張を繰り返していましたが、ついにそれを変更したのが、国籍の選択を可能にする新たな国籍法でした。そして二〇一四年になると、それまで頑なに否定してきた二重国籍を限定的に認めたのです。ただし、それ以前に生まれた移民の人たちには適用されません。

一方、労働者としてドイツに渡り、そこで移民としてドイツ社会に溶け込もうと努力していたトルコ人にしてみると「自分たちはどうして、こんなにドイツに受け入れられないんだろう」と感じ続けていました。ドイツに暮らすトルコ人がふつうに思っていた最大の不満は、三〇年いても、あるいは二世になっても三世になっても、「ところで、あんたはいつトルコへ帰るのか」と言われ続けることでした。

ドイツでは外国人労働者や移民のことを「ガストアルバイター」と呼んでいたのですが、この「ガスト」すなわち英語でいう「ゲスト」というのは、テレビ番組でいう「レギュラー」ではないという意味で、要するに「一時的にここにいる人たち」というニュアンスなのです。

つまり、ドイツはそうした移民たちを「社会の一員」とはみなしていませんでした。「あなたたちはいつまでたってもトルコ人であって、本来、ここにいる存在ではない」とみなしていたのです。

そうしたドイツ人による扱いが、移民との間で対立をおこすようになると、ようやく「ドイツは移民国ではない」という現実から乖離《かいり》した議論に終止符を打ち、国籍取得を容易にし、二重国籍も認めるように変わっていったのです。

このことは、今の世界を考えるときに、非常に重要なポイントになります。一九九〇年というのは冷戦の終焉《しゅうえん》を告げる象徴的な年でした。前年に「ベルリンの壁」が崩れ、東西に分断されていたドイツが再統一したのが一九九〇年です。ソ連という社会主義の大国が崩壊し、東欧の社会主義諸国も相次いで崩壊し、自由主義と資本主義経済の国になっていきました。世界は、これを歓迎しました。冷戦という緊張がやっとほぐれていくという期待がそこにはあったのです。ドイツは、ちょうどそのころから、異質な文化的背景をもつ移民たちを社会のメンバーとして認める方向に舵《かじ》を切ったのです。今から思うと、再統一から一〇年間ほどでしたが、異質な存在との間に壁を作って排除するのではなく、壁を突きくずして異質な存在を内側に取り込んでいこうとする確かなうねりが、そこにはありました。

増殖するイスラームがドイツを滅ぼす?

一見するとそのころたしかにドイツは柔軟に見えました。しかし、その一方で、移民たちのことを心情的に「同じドイツ人」だとは思っていない人が急に変われるはずもありませんでした。むしろ、これまでは単なる「ガストアルバイター」であった人たちが、自分たちと同じ「ドイツ国籍」を取得するようになれば、かつては明確だった「ドイツ人とは誰か」という問いの答えも必然的に変わらざるを得なくなります。

それが、オランダのケースと同様9・11以降になると、ドイツにおける「アイデンティティ・ポリティクス」の問題へと急激に変質し始めます。

例えば、ティロ・ザラツィンというドイツ連邦銀行の理事だった人物がいます。彼はSPD（社会民主党）の党員なので基本的に「左派」なわけですが、そのザラツィンが二〇一〇年に

「このままだとドイツが滅びる」と論じた本を出版しました。なぜ滅びるのか？　その理由は「イスラームのせいで滅びる」というものでした。

繰り返しますが、彼はSPDですから極右のネオナチではもちろんありません。逆に左派の、本来リベラルな立場であるはずの政治家が、彼らが「広く普遍性がある」と信じるところのヨーロッパ的価値にイスラームは反しているのだと、そのイスラームが国内で増殖しているのはドイツにとっての危機だと言い切ってしまったのです。ここでもまた、オランダやフランスの例で見てきたのと同じようなロジックが「差別」を正当化することになるのです。

二〇〇〇年代の後半に、何度かベルリンを訪れて街頭で移民問題に関する市民の声を聴いたことがあります。正直、愕然《がくぜん》としました。「モスクが多すぎる」「イスラームはドイツにはなじまないし、ムスリムもドイツにいるべきじゃない」という排斥の声がふつうの市民の口から聞かれるようになっていたからです。もちろんその直接の原因が9・11のアメリカ同時多発テロにあったことは間違いありません。しかし、それまで四〇年近くも、トルコやモロッコからの移民、パレスチナやイラクやボスニアなどからの難民を受け入れてきたドイツ社会が、急激に、イスラームに対する壁を作り、嫌悪をあからさまに示すようになっていたのです。

これは、先ほど、フランスの例で触れた「かぶりもの論争」を見るとよくわかります。私はムスリムの女性に対して、公的な空間での着用を禁止することを妥当だとは思いません。しかし、百歩譲って、それが、もしイスラームを象徴しているのなら「国民国家のロジック」に照らして禁止できるのはフランスだけです。なぜならフランスの「ライシテ」は公的領域に宗教のシンボルを持ち込むことが、人の自由を侵害する可能性があるから禁止できたのです。でも、女性のかぶりものがイスラームの象徴などではあり得ないのはすでに述べた通りです。

ところが、ドイツには厳格な政教分離を求める「ライシテ」の原則などありません。オーストリアにもオランダにもライシテなど存在しないにもかかわらず、いずれの国でもムスリムの女性から、無理やりスカーフをはぎ取ることが正当化されるようになっています。今や多くのヨーロッパ諸国が、公的な場でのかぶりものを規制する法律を制定する方向に進んでいます。ドイツはまだ、かぶりものを禁止してはいませんが、すでに、スカーフやヴェールを着用していると公立学校の先生には採用しないと決めている州がいくつもあります。

ドイツの場合、この問題は別の深刻さがあります。メルケル首相の与党がキリスト教民主同盟であることから明らかなように、政教分離は緩いのです。もし、厳格な政教分離を採るなら、「キリスト教」を名乗る政党自体が禁止されるはずです。ドイツの基本法（憲法）は、キリスト教国だと定めているわけではありませんが、ドイツにおけるキリスト教が特別の地位をもっていることを認めています。公教育でも、親が自分の子どもに宗教教育を受けさせることが権利として認められていますから、公立学校であっても、カトリックの授業やプロテスタントの授業がありますし（受けたくなければ受けなくてよいことになっていますが）、南部のカトリックが強い州では教室に十字架を掲げています。そういう国で、イスラームやムスリムに対して、敵対的な人たちが増えているというのは、宗教を指標にして他者を排除するようになったということになります。ドイツにとって深刻なのは、それが、かつてユダヤ人の身に起こった悲劇とどこが違うのかという重大な問いにつながるからです。

これは一体どういうことなのか。少なくとも、彼らの論理としては、突然、ドイツ社会がかつてのナチス時代のような排外主義に陥ったわけではないのです。結局、イスラームが人権を認めない、デモクラシーに反している、女性の人権を抑圧しているに違いないと決めつける理解が共有されてしまったということです。

その結果、相手がイスラームの場合には何をしても構わない。あるいはイスラームというものが、民主主義や自由、平等、人権といった、自分たちが大切にしている普遍的な価値を脅かす「明らかな脅威」なのだという認識につながっているのだと思います。もちろん、そうした視界からはすでに「異なる人たち」の平等や自由、基本的人権といった意識さえも失われつつあるのですが、その自己矛盾を直視できる人は少ないのです。

同化ではなく「多文化主義」を採ったイギリス

ライシテというイデオロギーを核に移民たちの「同化」を図ったフランス、血統を理由に移民を社会に受け入れようとしなかったドイツとは対照的なのが、オランダ同様、「多文化主義」を採ったイギリスです。

イギリスの場合は移民の受け入れにおいても、フランスのように「一体化」させるのではなく、異なる民族や出身地、宗教などで固まって、それぞれのコミュニティを形成することを許しています。こうしたやり方は外から見ると「多文化主義」、あるいは「多元主義」ということになるわけです。

その結果、例えば同じインドでも、ウッタル・プラデーシュ州出身の人たちが固まって暮らす地域や、カシミール出身の人たちが固まっているコミュニティ、あちらはバングラデシュの人たち……というように、移民たちがそれぞれ、自分たち独自のコミュニティを作って、固まって住んでいても、それはそれでOKだということになったのです。

フランスのように「共和（国）主義」というイデオロギーを通じて社会と一体化しなくても

構わない、最低限の社会的ルールさえ共有してくれれば、同じような出身の人たちで集まって、自分たちの宗教や習慣を守りながら、勝手にやってくれていいよという考え方です。

ただ、これも現実には「多文化主義」というなんとなく聞こえの良いものからは程遠い、イギリス人が大英帝国の時代に植民地支配で使った手法です。イギリスはかつて植民地として支配した地域で自分たち白人と現地の人たちがいるところを緑地帯で仕切って見えないようにすることがありました。

そして、第二次世界大戦後、かつての植民地の人たちが移民としてイギリス側に入り込んできたときにも、同じことをしたのです。つまり、自分たちの視界に入らないところ、都市部周縁や衰退した地域でならば、彼らが固まってコミュニティを作ることを容認した。その結果、移民たちは、いわゆる白人のブリティッシュとの関係は希薄になり、孤立していくことになりました。そしてイギリス社会には、今でも階級意識が色濃く残っていますから、彼らはいわば二級市民扱いされてきたところもあります。もちろん、権利のうえで下に置かれているわけではありません。成功した人たちのなかには、政治家になったり、法律家になったり、実業家になった人もいくらでもいます。現に、今のロンドン市長サディク・カーンはパキスタン出身の移民の家系です。

こうした「統合」の方法をフランスでは「アングロ・サクソン型共同体」と呼ぶのですが、「あんなことをしていたら、国家が分裂してしまう」と常に批判し続けてきました。コミュニティに分かれて存在することをフランスではコミュノタリスムと言いますが、概してネガティブな意味で使われます。一方、こうした批判に対して、イギリスの側は、フランスのように「同化主義」を採っていると今に移民たちの反発がひどくなって社会が分断されてしまうと言っていました。

そのため、ヨーロッパで最初に戦闘的なイスラーム主義者による大規模なテロがおきた二〇〇五年七月のロンドン同時テロ事件の際、フランスのメディアは「ほら見ろ！　イギリスは多元主義を採っているから、こんなことがおきるのだ」という論調でした。当時の首相であったトニー・ブレアも、その時、「ゲームのルールは変わった」という表現で多文化主義の失敗ということを言い始めたのです。

ところが、その年の秋には、フランス各地で、移民の若者たちが暴動をおこします。パリやマルセイユなどの郊外は移民が多く住んでいて、「犯罪多発地域」として疎まれていました。パリ北東の郊外でおきた暴動は、瞬く間にフランス各地に飛び火しました。その時の暴動は、警察が移民たちにひどい態度をとったということが直接の引き金となったようで、イスラームの過激派とは関係ありませんでした。しかしそれから一〇年後、フランスはシャルリ・エブド襲撃事件（二〇一五年一月）をはじめとして、パリ同時多発テロ事件（同年一一月）、ニースでのトラック暴走無差別大量殺人事件（一六年七月）と、一気にテロ事件にみまわれることになりました。今度は、イスラームを掲げる過激な勢力がテロをおこすことになったのです。英仏、対照的な二つの異なるアプローチがどちらも破綻していることが、結果的に明らかになってしまったというわけです。

グローバルな「西欧の欺瞞」に気づいてしまった若者たち

ここまで、オランダ、フランス、ドイツ、イギリスと「イスラーム圏からの移民」を受け入れてきた側の視点で見てきたわけですが、それでは「移民」たちの側はどのように対応してきたのでしょうか？

ムスリムの移民たちは、フランスでもドイツでも九〇年代ぐらいまでは「何とか社会に溶け込もう」と一生懸命に妥協していました。自分たちはムスリムだけれど、イスラームというのは平和と愛の宗教で、対話を重んじるのだと言い続けていました。特にフランスに移民した第一世代などは、フランスの「ライシテ」に合わせる形で、イスラームの戒律を厳格に守るのではなく、「世俗主義的」なライフスタイルへと転換する人たちも多かった。ある意味、イスラームとしての教えを犠牲にしてでも、フランス市民社会の一員として溶け込もうという努力や妥協を重ねていたわけです。

ところが、そうした移民たちの努力や妥協にもかかわらず、そこから何代か世代を重ねても、自分たちがフランスの社会の中で置かれている状況、つまり、差別や経済的な格差といった、具体的な問題が解消されず、平等は実現されなかった。それどころか、9・11を契機に、これまで見てきたような「イスラーム」への偏見や敵意がヨーロッパ社会に広がり、ムスリムへの差別は悪化の一途を辿っていきました。

その一方で、自分たちが暮らす世界の「外」に目を向けると、インターネットの発達も相まって、遠く離れた中東やアフリカでムスリムたちが大変に悲惨な状況に置かれているということが、移民の二世、三世にあたる若者たちの間で即座に知られるようになってしまった。とりわけSNSの普及によって、遠く離れたシリアやイラクのムスリムが悲劇に見舞われていることが刻々と伝えられていたのです。

そうした悲惨な状況を生み出した責任の多くが、現代史を通じて、中東・イスラーム地域に「災いの種」を撒《ま》いた欧米や、その欧米に妥協し、従属する形で「主権国家」を作ってきたムスリム諸国の体制にある……。

つまり「自分たちに妥協を強いてきたもの」や、妥協を積み重ねても解消されなかった「差別の原因となっているもの」の矛盾が、「遠い世界で、自分たちと同じムスリムたちを追い詰めているもの」と同じ構造であるということに気づいた瞬間に、それは一地域に留《とど》まらないグローバルな問題として彼らをジハードの戦いへと駆り立てました。その究極の姿がＩＳでした。

ＩＳはなぜイギリスやフランスからの若者を引きつけたのか？　イギリスやフランスで行われている若者の過激化を防ぐための政策を見ていると、彼らはそうした構造がまったく理解できてないと言わざるを得ません。「貧困問題」を単独でピックアップしてもだめだし、「差別問題」に単独で取り組んでも無意味です。ヨーロッパ諸国は、自分たちの責任だと言われたくありませんから、ＩＳやアルカイダのような過激組織がプロパガンダで若者を洗脳したことを最大の原因だとしてきました。しかし本当は、彼らの不満や怒りを構造的に理解し、緩和する方策が必要だったのです。

ところがヨーロッパ、それに、アメリカも含めて、彼らはそのことをまったくと言ってもいいほど認識できていません。特にヨーロッパは「領域国民国家」のふるさとであって、長い間、それを金科玉条のように守ってきましたから、「ＥＵ」という形で統合した今も「誰が国民なのか」ということや「国民以外にはどういう権利が与えられるべきなのか」ということについては、加盟国の間に一切の共通理解がありません。移民たちは、一九六〇年代に来た人たちから数えると、もう第三、第四世代です。しかし、いまだに彼らは「我々の社会」のメンバーかどうか、やっぱり違うだろうなどという議論をしているのでは、ムスリムの若者たちは、いつまでたっても疎外されたままです。

難民をめぐる「トルコ対EU」の対立

もう一度「難民」の話に戻って、第一章の締め括《くく》りとすることにしましょう。すでに述べた通り、ここ数年の間に、ヨーロッパにはおよそ一〇〇万人のシリア難民が押し寄せていて、EU加盟二七ヵ国が束になっても対応できないという状況が続いています。しかも、各国でこうした難民や移民に対する差別や排斥運動がおき、難民問題への対応がそうした国々の政治状況やEUそのものの結束も大きく揺るがしています。

しかし、当然のことながら、大量のシリア難民が流入しているのはEU諸国だけではありません。それどころか、トルコはすでに三五〇万人、レバノンは一〇〇万人、ヨルダンも六五万人におよぶ難民たちをそれぞれ受け入れている。しかし、それらの国々では「難民排斥運動」

などおきてはいないのです。どうしてなのでしょう？　それは一言でいえば、イスラーム社会だからです。ムスリムには善人もいれば悪人もいますが、一つ言えるのは、弱者に向かって「邪魔だから出て行け」とは言いません。弱者を痛めつけるような言動、これはどんなに悪い奴《やつ》でもムスリムは口にしない。これは、本当です。

こうしたヨーロッパの状況に対して「何たるざまだ！」とEUを激しく批判してきたのがトルコのレジェップ・タイイップ・エルドアン大統領です。エルドアンはイスラーム主義に立脚する公正・発展党（AKP）を率い、親西欧の世俗主義勢力と何度となく衝突を繰り返しながらも国民の支持を集めてきた剛腕政治家です。二〇一六年七月に起きたクーデタ未遂事件の後、急速に強権化していて、欧米諸国からは大変に評判が悪いし、国内の世俗的な人からも嫌われています。しかし、アサドやプーチン、サッダーム・フセインのような無慈悲な独裁者と比較すると、スンナ派イスラームの公正観を規範として意識している点が大きく異なります。これは単純なことですが、弱いものいじめだけはしないということです。自分に逆らう者たちには容赦しない反面、国民でもないシリアからの難民、ミャンマーから追われたロヒンギャの難民、監獄のようなガザから出ることのできないパレスチナの人びとには、救いの手を差し伸べようとするのです。

2015年、スロベニア国境に押し寄せる難民（スロベニア国境警察提供）

エルドアンのEU批判をヨーロッパの側はポピュリストの発言程度にしか思っていませんが、ここで非常に大事な点は、トルコ側では難民排斥運動がおきなかった、そして、レバノンでもヨルダンでもおきていないということです。

一方にはヨーロッパのように「難民」という「困っている人たち」に対して、慈善活動で支援するものの「異質な人間だから出て行ってほしい」ということを言う世界があり、もう一方にはトルコのように、支援は不十分ながらも、より多くの難民を受け入れている世界があります。

戦禍によって故郷を追われ、家族を失い、助けを求めている人たちに「排除の論理」

を突き付けている側の人たちが、自らは「自由」や「民主主義」や「人権」の守護者を自称しているという、この矛盾は一体どういうことなのか……という鋭い指摘を、EU諸国から「独裁的」「強権的」「非民主的」と批判されるエルドアンがしているというのは皮肉な話です。しかし、EUが「共通で普遍的な価値観」と考えるものの限界と矛盾が露呈したと言えるでしょう。彼らのパラダイムをつくりあげている個人の自由や民主主義や人権は、ある種の「異質な」人間には適用されないという矛盾に、西欧の人びとは気づかないのです。

ちなみに、シリア難民の扱いについては、二〇一六年の三月一八日、トルコ政府とEUとの間で難民の送還に関する一つの合意が成立しています。

ヨーロッパ側にいる「明らかに不法移民だとされる人間」をトルコへ送還する。その代わりトルコ側にいる「明らかにシリア難民だとわかる人間」を、それと同じ数だけEU側に送り出す。その代わり、トルコに支援金を支払い、トルコ人に対してEUのシェンゲン協定圏への「ビザなし渡航」を認めるというものでした。

しかし、「ビザなし渡航」の約束は反故《ほご》にされたままです。これまでの経緯を見る限り、最初からEU側に約束を守る気があったかどうかも疑わしいのです。それに対してエルドアン大統領は「EUが約束を守らないなら、EUと国境を接するトルコが事実上の防波堤となっている難民をEU側に放出するぞ」と脅していて、両者の関係はますます悪化しています。

「進歩」への妄信が招く「啓蒙」の限界

ちなみに、EU側はトルコとの約束を反故にした理由について「ああでもない、こうでもない……」と、のらりくらりとやっていますが、最後は必ず「トルコという国は人権を抑圧している」とか「エルドアン政権が政敵やジャーナリストを次々と拘束し、言論や報道の自由を抑圧している状況は問題だ」あるいは「トルコは非人道的な死刑制度を復活させようとしている」といった具合にトルコの人権問題や、民主主義の問題を口実にします。

エルドアン政権が政敵の人権を抑圧し、ジャーナリストを拘束しているという指摘は事実です。一方で、そのトルコが三五七万人（二〇一八年六月時点）ものシリア難民を国内に受け入れ、難民の排斥を口にしないのも事実です。「人権」や「民主主義」を居丈高に振りかざすEUは、トルコの三分の一にも満たない難民の受け入れだけでも、加盟国が大混乱に陥り、難民たちに対して排斥の主張が沸き起こっています。

「難民の受け入れについてトルコと結んだ約束すら守ろうとしないEUの連中に、トルコの人権問題についてとやかく言われる筋合いはない！」というエルドアンの批判は、常に「自分たちが上」という強烈な優越感に基づいて、ほかの文明社会を見下してきたヨーロッパの「矛盾と限界」を鋭くえぐりだしています。

啓蒙は英語でenlightenmentと言いますが、文字通り、「啓蒙」とは「蒙《くら》きを啓《あき》らむ」つまり「暗い世界を理性の光で照らす」というのがその語源です。ヨーロッパは、啓蒙主義の時代（だいたい一八世紀ぐらいから）を経て、宗教から遠ざかり、キリスト教会（特にカトリックのようにきっちりとした教会の組織）が個人の生き方に干渉することに反対するようになっていきます。科学のほうが宗教より上、理性のほうが信仰より上にあるという考え方こそ、ヨーロッパで生まれた「啓蒙」の本質でした。

その啓蒙思想を生み出したヨーロッパ社会は、歴史がまるで一本の線のように過去から現在に対して進歩、発展していくのだという歴史観に支えられています。そのため、まずイスラームという西欧に起源をもたない宗教は、彼らの理解の外にあります。そして、イスラームが一四〇〇年も前に生まれた宗教で、その教えは現在も不変だということになると、その戒律に縛られているムスリムは「進歩することもなく、自分たちよりも遅れた存在なのだ」と簡単に思い込みます。「遅れた人たちは、自分たちが理性によって啓蒙してやらなければならない」と、本気で考えてしまうのです。

しかし、私から見ると「啓蒙」というのは猿のマウンティングみたいなもので、人間にも自然界にも最初からすべて「進んでいる、遅れている」という優劣をつけたがる人たちが、上から眺めた発想でしかありません。彼らは「お前たちも理性を身につけ、その光で古臭い闇を照らし、俺たちのように進歩して這《は》い上がってこい！」と言い、自分たちとは異なるパラダイムに生きる人たちの価値観を尊重することもなければ、自分たちが「普遍的だ」と信じる価値が、もしかしたら普遍的ではないかもしれないとは、ついぞ疑ったことがないのです。

しかし、疎外と差別の果てに暴力に訴えるムスリムが現れたことと内戦が生み出した一〇〇万人を超える難民が押し寄せたことで、ヨーロッパ社会はその「限界」を露呈してしまいました。近代から現代を通じ、彼らが拠《よ》り所《どころ》としていたパラダイムの「使用期限」は切れてしまったかのようです。この状況を乗り越えるためには、「新たなパラダイム」を探すことが必要です。

次章では近代から現代を支えた「領域国民国家」という枠組みの「限界」について考えてみたいと思います。

第二章　限界の国民国家

地図からＩＳは消えたけれど……

二〇一七年七月にＩＳの主要拠点であったイラクのモスルが陥落。その三ヵ月後には首都とされたシリアのラッカが「有志連合」とシリア民主軍（主要な勢力はクルドの武装組織）の攻撃により陥落したことで、中東の地図から「イスラーム国の支配地域」が消えつつあります。しかし、それは本当に国際社会が「ＩＳとの戦い」に勝利したことを意味するのでしょうか。

たしかに、モスルやラッカは荒れ果てた無残な姿で「解放」され、拠点を失ったＩＳは主な支配地域とキルクークの油田地帯に代表される重要な「資金源」を失いました。また、ＩＳの戦闘員の多くが戦いで死んだり、あるいは捕虜になったりしています。

それでも、生き残ったＩＳの戦闘員はほかの地域へと拡散して、再び各地でテロや紛争を引き起こすことになります。近い将来、復讐《ふくしゅう》、報復の嵐が吹き荒れる可能性は高いでしょう。なぜならＩＳの目的は「ジハード」（聖戦）を行い、自分たちの信じる「イスラーム法の支配」を地上に実現することだからです。イラクやシリアで「領域」としての支配地域を失うことは彼らにとって「打撃」であっても、ＩＳの「終わり」を意味するわけではないのです。

ただ、私がこういうと「いや、実際にＩＳは『国家』の樹立を宣言し、イラクやシリアの

『領土』を主張していたじゃないか？」と言う人もいるかもしれません。「そのISが地図から消えたのだから、それはISの終わりと言ってもよいのではないか？」……と。

事実、ISは現地において一定の領域性を主張し、その支配地域には一時期「国家」のような行政機構も存在していました。その意味ではISをある種の「疑似国家」と捉えることもできるかもしれません。

しかし、ISは海外に暮らす若者たちをリクルートするとき、「あなた方はどこにいても、ジハードの目的を達するならISの国民である」と呼びかけていました。ここでいう「ISの国民」とは、私たちが普段、想像する「国境線で区切られた一定の領域に住む人たち」のことではなく、いわば「ジハード」という神の命令でつながる人びとを意味しています。

つまり、ISには狭い意味でのシリアやイラクを支配していた「疑似国家的なIS」という意味と、世界中の共鳴者を「ジハード」で結ぶ「同胞のつながりとしてのIS」という両方の意味があるわけです。

ですから、今回、有志連合などの軍事的な攻撃で「疑似国家としてのIS」の支配領域が地図から消えたとしても、それで「在外同胞的なIS」が滅びたわけではないのです。実際、ほんの数年前までは「中東の問題」であったISが、今やアフガニスタン、インドネシア、フィリピンのミンダナオ島といった東南アジアにも拡散し、各地で闘争を続けています。

後者の「ＩＳ」にとって支配している地理的な空間に大した意味はなく、実態は思想を絆《きずな》とする仮想空間の「国家」なのではないでしょうか。彼らの地理的な領域を奪還したとしても、思想としてのＩＳを消滅させることは難しい……。その思想は、スンナ派のサラフィー思想とジハード主義を基盤としてはいますが、共鳴する人間にとっては、思想の体系を頭に入れることは必ずしも必要ではなく、サラフィー・ジハーディーの活動家に歩調を合わせて自分たちの怒りを暴力的に爆発させればよいのです。それこそが従来の「国家」対「国家」の戦争とは異なる、「非対称の戦争」の特徴と言えるでしょう。そうしたＩＳの問題を、「領域」「国民」「主権」という「領域国民国家」のパラダイムの中でとらえることはできません。

「国民国家」は普遍的な概念なのか？

ところで、欧米や現代の日本人が、普段「当たり前の前提」としてイメージする「国」という考え方は「国境で区切られた領域」とそこに暮らす人びとを中心とした「国民」と、その国の統治を司《つかさど》る「主権」という三つの要素を基礎とした「国民国家」あるいは「領域国民国家」という概念に基づいています。

ただし、この「国民国家」という考え方は一八世紀のヨーロッパで生まれた、比較的新しい概念であり、「国民国家のパラダイム」は中東のイスラーム世界を含めた「世界共通の普遍的な概念」ではないのだということを、まず、理解する必要があります。

例えば「国境」です。イスラームにはそもそも空間的な領域の概念はありません。国境などというものは考えずに移動する自由は当然のことと認めていますし、同時に「客人はもてなす」ことを求められます。そのため、戦火で故郷を追われたシリア難民たちは、国境を越えて大移動を開始する。そして前章でも述べた通り、隣国のトルコは「国境を越えて流入した三五七万人のシリア難民」を「客人」として受け入れることに躊躇《ちゅうちょ》しないのです。彼らは、地理的なヨーロッパに入っても、同じように、客人として迎えてくれると思い込んでいたのです。しかし、ギリシャに入った途端、困っている人たちなんだから通してあげるし、居てもいいよ、というようなイスラーム的な客人を迎える論理はまったく働きませんでした。

そもそも、中東に暮らすイスラームの民の多くにとって「統治者」とは「長い歴史の中で何度も入れ替わりながら、頭の上を通り過ぎてゆく人たち」に過ぎませんでした。

ですから、たとえ支配者がＩＳであろうと、あるいはイラクの独裁者であったサッダーム・フセインであろうと、もちろん、そこにさまざまな問題はあるにしても、人びとはそうした支配者と何とか折り合いをつけるものなのです。シリアもまた、古代メソポタミア文明の時代から三〇〇〇年、四〇〇〇年という歴史の中で、都市を拠点に文明を育んできたわけで、為政者、統治者が誰であるかということと、そこにいる人間がどうやって生きていくかということはまったく別の話なのです。

つまり、彼らは初めから「国民国家の領域性」の中に閉じ込められて生きてきたわけではなく、それは三〇〇〇年の歴史の中でたかだか七〇年余りの話なのです。

ところが、欧米側のＩＳに対する批判を見ていると、彼らはＩＳを自分たちの考える「国民国家」のフレームで捉え、その上で「あんなものは国際的な諸国家体制の秩序を破るものであるから抹殺せよ」と言い続けてきた。あるいは「冷酷、残虐で個人の自由を踏みにじるＩＳは凶悪なテロ組織であって、我々は『国』と呼ぶことすら認めない」ということを強調してきたわけです。むろんＩＳだって、最初から西欧的な意味での「国家」として認めてもらいたいとは考えてもいません。

「領域」「国民」「主権」で異なる「国家」のパラダイム

しかし、「あんなのは国じゃない」と否定したところで、そもそも「ＩＳ」の考える「国家」

の概念は欧米の考える「国民国家」と同じではないので、否定することが無意味なのです。あれは、ダール・アル・イスラーム（イスラームの家）のつもりでした。文字通りイスラームの国。理念としてはあっても現実の世界にはないものを作ろうとしたのです。しかし、領域国民国家の統治者たちは、西欧諸国だろうとイスラーム世界の国々だろうと、そんなものは空想的だと思っていたから、勢い暴力的に彼らを否定することに全力をあげたわけです。

国家の三要素たる「主権」ですが、そもそもイスラームでは神にしか主権はないのですから、すでにこの時点で両者の立つパラダイムが完全にズレています。

また「国民国家」を構成する重要な要素である「領域性」についても、たしかに一時期、ISはシリア、イラン、イラクなどにおいて一定の領域性を主張しましたが、一方では「サイクス＝ピコ協定で引かれた国境を踏みつぶしてみせる」というパフォーマンスを見せていたように、彼らは、第一次世界大戦時代に英仏などが決めた国境線を無視すると言っていたのです。

これはつまり、人間の決めた「国境」によって規定される「領域」というものが、彼らにとっては本質的な意味を持たないことを示しています。

さらに、「国民」とは誰か？　これも西欧的な「近代的な民主国家」の概念に照らせば、国民というのは「国家の形成に参加する存在」であるということになるわけですが、こちらも先ほど触れたように、中東のイスラーム世界では長年、住んでいる人間の上を統治者が通り過ぎていくだけで、そこに、いわゆる西欧的な意味での国民概念は存在していませんでした。

しかも、そうした「統治者と民」の関係は、第二次世界大戦後、この地域に現在の中東諸国の基礎をなす「形ばかりの国民国家」が独立国として生まれた後も、基本的に変わりませんでした。なぜなら、そうした中東の「独立国」の多くは、一部の支配層が富と権力を独占する、事実上の独裁国家となってしまったからです。他方その地に住み続けたムスリムは、ムスリムのままでよかったのに、突然、ある国の国民だというレッテルを貼られてしまったようなものです。

独裁者の主人は誰なのか?

二つの世界大戦を経て中東やアフリカに誕生した「独立国」のほとんどが、西欧列強の「植民地支配」の延長線上でいわば「人工的」に作られた国家であり、それは「国民国家」という西欧のパラダイムを強引に押し付けた「偽りの国民国家」でしかありませんでした。

しかも、欧米諸国はそうした「独裁者の主人」として、自国の権益を優先する一方で、彼らが「普遍的な価値」だと唱えてきた「人権」や「民主主義」を明らかに軽視している多くの国家体制を長年にわたって支えてきたのです。

もちろん、「近代的な国民国家とは自由や平等や人権を尊重した民主的なものでなければならない」とアメリカ人やヨーロッパ人たちが言うのは自由です。しかし、その欧米によって「国民国家」という形を押し付けられた中東の人びとには、必ずしも自由や平等や人権の尊重が与えられたわけではなかったという事実は無視できません。

それどころか、中東や北アフリカのムスリム諸国で沸き起こった「アラブの春」と言われる民主化運動を力で押しつぶしたのは、第一にイスラームに反した統治をしてきた為政者たちであり、それを支えたのが欧米諸国でした。

その結果、中東では何がおきたのか？　二〇一〇年末にチュニジアからこの地域に広まった「アラブの春」と呼ばれる民主化の動きは、エジプトやシリアをはじめとして既存の体制や、欧米の介入によって潰されてしまいました。

エジプトで比較的穏健なスンナ派イスラーム主義に基づく統治を志向していた「ムスリム同胞団」をサウジアラビアや欧米は「テロ組織」とみなし、民主的な選挙で選ばれたはずのモルシー政権はシーシー将軍による事実上の軍事クーデタによってわずか一年余りで崩壊してしまいます。

また、シリアのアサド政権の退陣を求める動きは、やがて泥沼の内戦へと発展し、自国民の殺戮をも厭わないアサド政権の姿勢と、中東での政治的な影響力をめぐるロシアや中国といった大国間の思惑がシリア内戦を長期化、深刻化させたことによって、国外へ五〇〇万人を超える大量のシリア難民を生み出すことになりました。

二〇〇三年のイラク戦争後に行ったアメリカのイラク統治の失敗がISを生み、長引くシリアの内戦によって、彼らがその勢力を急激に拡大した背景には、中東に人工的に作られた「偽りの国民国家」と、その存在を支え、自らの利益のために利用してきた欧米の欺瞞やダブルスタンダードが存在したのです。

例えば、泥沼化したイエメン内戦も世界でもっとも深刻な人道上の危機の一つですが、そのイエメンで大規模な空爆を繰り返し、もっとも多くの民間人の命を奪っているのは、この内戦に介入を続けるサウジアラビアです。

ところが、欧米を中心とした国際世論は、そうしたサウジアラビアの空爆を止めることができないばかりか、アメリカやイギリスは今もサウジアラビアに対する支援を続けている。その武器はアメリカのトランプ政権が売っているのです。

普段から「人権」や「民主主義」を振り回す欧米諸国は、こうした自分たちの態度をどのように正当化できるのでしょうか？

もちろん、私もＩＳの行いを肯定する気などまったくありません。私が良いと感じてきたムスリムの社会は、他者の信仰には踏み込まない寛容さを持った社会。たとえそれが純粋なムスリムにとって堕落であっても他人の内面には干渉せず、とりあえず一緒に共存してきたムスリム社会です。そんなことがあるのか、と思われるかもしれませんが、イスラーム圏の国々を旅行すればすぐにわかります。誰も「お前の宗教はなんだ？」「神様がたくさんいるような多神教の国から来た奴など出て行け」などと言いません。温かく迎えてくれるのが常です。そんなムスリムの素顔を歪めてきたのが、ほかならぬ、こうした偽りの国民国家の国家体制と、それを支えてきた欧米の「不正義」だったのです。これらに対する怒りが、ＩＳに象徴されるジハード主義者たちの暴力の動機の重要な一部を形成していることは事実です。

西欧的な主権国家、「領域国民国家」の限界に対するムスリムの異議申し立ては、仮にＩＳが消えたとしても残ります。しかもそれは、「貧困や格差」の問題を解決するだけではどうにもならない。

ムスリムたちが本当に必要としているのは、イスラームの道徳をわきまえない為政者に仕える御用イマーム（イスラーム指導者）ではなく、西欧的な主権国家の思惑というものを忖度《そんたく》せず、純粋にイスラームの立場に立って「何が正しく、何が邪悪なのか」ということを宣言できるリーダー＝カリフの存在がもたらす秩序だからです。カリフとは「代理人」「後継者」を意味し、スンナ派ムスリムの指導者を指します。最後のカリフはオスマン帝国にいましたが、カリフ制はトルコ共和国成立の翌年一九二四年に廃止されています。中東世界の現状の混迷という背景と同時に、廃止から一〇〇周年が近づくにつれカリフ制再興の動きがスンナ派世界で表面化しているのです。その暴発の一つがＩＳが戴いたカリフ、バグダーディーだったことは言うまでもありません。このことは、言い換えるなら「国民国家」という西欧的なパラダイムを押し付けてきたことへの不満が一気に爆発したものともいえます。

クルド独立、「国民国家の幻影」が繰り返す悲劇

ＩＳから支配領域を取り戻す……という文脈における「ＩＳとの戦い」。その過程が生んだ「副作用」として新たな火種となりうるのがクルドの独立問題でしょう。ＩＳが台頭したイラクの中部、北部からシリアの北東部にはクルド人が多く住んでいます。

二〇一七年の九月二五日、イラク北部のクルディスタン地域でイラクからの分離独立の是非を問う住民投票が行われ、約九三パーセントが賛成票を投じました。スペインのカタルーニャ

州で分離独立を問う住民投票が行われる、およそ一週間前のことです。

そもそも「クルド」について何も知らない多くの日本人には、突然降って湧いたような話に感じるかもしれません。

イラクやシリアにおける「ＩＳとの戦い」ではこのクルド人が大きな役割を果しました。この地域に自国の地上部隊を出したくなかったアメリカが、ＩＳに対して強い敵意を抱いていたクルドを利用したのです。

トルコ、イラク北部、シリア北東部などに分散して暮らし「国を持たない世界最大の民族」とも言われるクルド人たちにとって「クルド人国家」の樹立は長年の悲願でした。かつて「オスマン帝国」に暮らしていたクルドたちは、第一次世界大戦後のオスマン帝国解体によって分断され、そこから苦難の歴史を歩んできたからです。周りがみな「領域国民国家」となってしまうなかで、クルドは国を持つことができませんでした。これもまた領域国民国家体制がもたらした一つの悲劇だったのです。

イギリスとフランスで中東を分割しようとしたサイクス＝ピコ協定は一九一六年に結ばれました。最初はロシアも中東分割に加わっていましたが、ロシア革命で脱落します。その後、第一次大戦後に戦勝国が集まった一九二〇年のサンレモ会議を基に起草されたセーブル条約で、当初イギリスはイラク北部にいたクルド人に対して独立を約束しておきながら、キルクーク一帯の油田地帯の利権を手にするため、一九二三年のローザンヌ条約でそれを反故にしてしまいます。セーブル条約の内容は、第一次大戦の敗者となったオスマン帝国の領土をズタズタにするものだったので、トルコで激しい抵抗運動が起きました。イギリスの後押しでアナトリア半島（今のトルコのアジア側）に深く攻めこんできたギリシャ軍を破り、一九二二年九月九日に西のイズミールから追い出します。そしてその後、戦勝国側が、ムスタファ＝ケマル（後のアタテュルク）に率いられたアンカラ政府と改めて結んだのがローザンヌ条約で、そこでトルコ共和国の領土が事実上確定され、同時にクルドの国は地図から消されてしまいます。

こうして、クルドは民族国家というものを作る機会を失いました。欧米諸国はそのクルド人を、ISの掃討作戦に利用したのです。クルドの側からすれば、これで恩を売って、自分たちの国を認めさせるためでした。

ISとの戦いが終われば、クルドは新たな「領域国民国家」を作ろうとするわけですが、そうした「クルド独立」の動きをトルコやイラク、シリアなどの周辺諸国が黙って受け入れるはずはありません。そんなことをすれば、中東を舞台に、かつて第一次世界大戦後にイギリスとフランスがサイクス＝ピコ協定で勝手に国境線を引き、あるいは第二次世界大戦後、パレスチナにイスラエルを建国して「人工的な国民国家」を生んだのと、まったく同じ構図を繰り返してしまうことになるからです。

イラク北部のクルド人自治区でクルドの独立を問う「住民投票」を行ったのは封建的な部族社会に近いような形のバルザーニ一族と、少し前（二〇一七年一〇月）に亡くなりましたが、タラバーニ・イラク前大統領の属するタラバーニ一族の族長支配のもとにあったクルド社会で、シリアとトルコで活動する共産ゲリラのPKK（クルディスタン労働者党。トルコからの分離独立運動を展開するクルド武装組織で国際的にテロ組織に指定）とは政治的主張が異なるのですが、どちらも民族の国家、領域を持とうとしていることについては変わりません。

しかし、バルザーニのクルド地域政府が行った住民投票に対してさえ、国際社会は黙殺しようとしています。ISとの戦いでクルドを散々利用したアメリカは住民投票を時期尚早だと言い、国連もクルドの独立を認めようという気はまったくない。もちろん、トルコ、イラク、イラン、シリアといった近隣国がこれに強く反対していることは言うまでもないでしょう。

キルクークの石油がクルド独立の生命線

そんな中、奇妙なことに、クルドの独立を支持しているのがイスラエルです。ご存じのようにイスラエルというのは、ユダヤ人による祖国建設をめざしたシオニズム運動のもと、極めていびつな形で強引につくられた国民国家ですから、ともかく周りは敵だらけで基本的にアラブを信用していません。シオニズム運動は、一九世紀末、ヨーロッパでのユダヤ迫害の中から勃興します。一九一七年、イギリスのバルフォア宣言がその主張を認め、一九四八年のイスラエル建国で目的を達した後も一貫して入植地を拡大し、パレスチナ人と衝突を繰り返しています。その点、クルドは民族的にもアラブではなく、むしろ「長年アラブによって存在を脅かされてきた民族」という構図で認識されていますから、そのクルドが独立し、この地域にイスラエルと同じような「周囲のアラブ諸国と敵対する国」が生まれることは、彼らにとって好都合なのです。

もう一つの理由は「石油」です。クルド人が暮らすイラク北部はイラク有数の油田地帯で、キルクークもその一つです。キルクークから出た石油はトルコを経由して地中海岸から積み出すのが現実的ですが、イスラエルは長年敵対関係にあったアラブ諸国よりクルド地域の石油を買いたいのです。

一方、イラク北部のクルドにとっても「石油」が生命線です。彼らが独立を主張できるのもこの地域に石油という「資源」があるからで、その石油を売る手段がなければ、仮に国家になったとしても経済的にまったく立ち行かないことは明らかです。クルド地域政府は、このキルクークも自治区の内に取り込みたいのですが、イラクの中央政府はこれを認めようとしません。本来、イラク戦争の後にキルクークの帰属を決める住民投票をすることになっていたのですが、現在はイラク中央政府の軍がこの地域を掌握したままになっています。

現実的にはトルコ政府は国内のクルドが自治権をもつことも絶対に認めませんし、シリアのクルド勢力が自治から独立をめざすことにも絶対反対の姿勢です。トルコ国内で武装闘争を繰り返すＰＫＫとシリアの民主統一党（ＰＹＤ）およびその軍事部門である人民防衛隊（ＹＰＧ）は同根の組織だからです。

ただし、先ほども述べたようにトルコ側とシリア側にいるクルドの独立運動でその主体となっているのは、極左的な勢力なので、イラク北部のクルド地域政府とは親和性がありません。そのためクルド地域政府に限定するのであれば、トルコは最終的にクルド国家の樹立にノーと言わない可能性はあります。

その場合、トルコはイラクのクルド地域政府に対して、同じクルドでも、トルコやシリアで活動する極左系のＰＫＫとＰＹＤとの絶縁を求めるでしょう。ＥＵ諸国には多くのクルド難民、移民がいるので、日頃は彼らの人権を守れと言いますが、いざ独立の話になると欧米諸国も最後にはクルドを見殺しにしてきました。仮にイラクのクルドが独立を達成することになるとシリアのクルドはどうなるでしょう。現状では独立の可能性は低いと言わざるを得ませんので「民族を分断して統治」するという、近代以降の西欧世界が使ってきた常套《じょうとう》手段がまたしても使われることになりかねません。

二〇一八年に入り、トルコ軍が国境を越えてシリア領内に侵入し、シリア側にいるクルド武装勢力ＹＰＧとの戦闘に入ってしまいました。クルド側には米軍が高度な武器を提供しており激しく反撃していますが、ロシアはこうしたトルコの軍事行動について自国の権益に関わらない限り黙認する姿勢を見せています。

トルコがシリア侵攻に踏み切ったのは、彼らだけでなく、アメリカも含めた国際社会が「テロ組織」と認定するＰＫＫの兄弟組織ともいえる、シリア国内のクルド人武装勢力ＰＹＤとＹＰＧがアメリカの支援のもと、トルコとの国境地域を支配しようとしている動きに強く反発したためです。

ＩＳとの戦いの中で行われた場当たり的な軍事戦略が、こうして新たな衝突と戦争へとつながることで、壊れた中東地域全体の秩序がさらにズタズタに引き裂かれてゆくのです。

「国民国家」という幻想が中東にもたらしたもの

こうした中東の混乱のほとんどは、二〇〇三年、アメリカのブッシュ政権が引き金を引いた「イラク戦争」が直接の原因です。ＩＳの誕生も同じく、イラク戦争がきっかけでした。サッダーム・フセイン政権が大量破壊兵器を所有しているという、その開戦理由は全部デタラメでしたが、過去の歴史を振り返っても「開戦の口実をでっちあげる」などということはベトナム戦争のトンキン湾事件のようにいくらでもあったわけで、私は問題の本質はそこではないと思っていました。

最大の問題は、あの戦争によってイラクが解体されてしまう、つまり、クルドとシーア派地域とスンナ派地域に分裂することが誰の目にも明らかだったにもかかわらず、アメリカが脆《ぜい》弱《じゃく》な中東の「領域国民国家」の秩序に無責任な形で手を突っ込んだことです。

アメリカはイラク戦争でも、また、その前の「湾岸戦争」の際にも「クルド民族の国家樹立」を悲願とするクルド人たちを利用し、そのたびに彼らの独立への期待を裏切ってきました。そして今また「ＩＳとの戦い」に彼らを利用するだけ利用しておきながら、再び使い捨てにしようとしている。これはクルドの側から見れば悲劇としか言いようがありません。

とはいえ、そうしたクルド人たちの「悲願」を実現しようと、アメリカなどの大国が強引に

「人工的な国境」を定め「人工的なクルド人国家」を作ることは、いわば「第二のイスラエル」を生むことであり、この地域の秩序をさらに不安定化させる可能性が高い。

クルド民族が「自分たちの独立を勝ち取りたい」と強く願う背景にあるのは、一つの民族が国民となって国を作るという考え方です。

ただし、奇《く》しくも彼ら自身がこれまでそうだったように、一つの国家の中には必ず「マイノリティ」と呼ばれる人たちが存在します。結局、「単一民族による国民国家」など、現実には存在しない「幻想」に過ぎないのです。

ところが、この二〇〇年余り、欧米を中心とした世界はその「幻想」を前提に世界を支配し、欧米以外の地域にも無理やり当てはめようとしてきました。そのことが結果として中東に何をもたらしたのか？　今、私たちの目の前にある「崩壊寸前」の中東世界は、その答えを残酷なほどにはっきりと示しています。

トルコを含めて、それまで「国民国家」の概念が存在しなかった地域にそれを作ろうとすれば、相当無理なことをしなければなりません。

いろいろな民族がいるところに勝手に国境線を引いて、それを「国家」だと宣言するのですから、それを統治するには、どうしても軍の力をバックにした「独裁的」な国家になります。

そういう「独裁国家」ができる原因を作ったのは、かつてのヨーロッパ列強諸国に他なりません。しかし、そうやって人工的に作った「領域国民国家」に基づく秩序が、第二次世界大戦が終わってから七〇年を経て、なおも通用するかといえば、そうはいかないのです。

かつては「オスマン帝国による緩やかな統合」という、西欧的な「国民国家」とは異なるパラダイムの中で暮らしていたクルド人たち。その彼らが第一次世界大戦後にサイクス＝ピコ協定をもとに引かれた国境線で「ほかの民族が支配する国民国家内のマイノリティ」となってきました。

このように、過酷な運命を歩んできたクルド人たちは、いわば「領域国民国家」という「幻想」が生んだ、典型的な被害者です。世界はこのような欺瞞をいつまで繰り返すつもりなのでしょうか？　少なくともその先に「秩序」や「安定」がもたらされるとは、到底思えないのです。

結局、スンナ派イスラームの文脈で見るならば、クルドの民族主義を抑える唯一の道はイスラームということになります。イスラームは民族主義と根本的に親和性がありません。ですから将来、中東における領域国民国家の体制が、いよいよ崩壊する日が来れば、スンナ派が結束してクルドもアラブもトルコも関係なしに、カリフ制の再興を望む勢力が結集されることになるでしょう。ＩＳは多大な問題を残して失敗しましたが、カリフ制の下でイスラーム国家樹立を望む声が消えることはないのです。中東における「領域国民国家」という毒を解毒するパラダイムは、これ以外にないからです。欧米諸国は自分たちが押し付けた近代国家のパラダイムがＩＳを生み出したことに、気づくことはないでしょう。

ヨーロッパでも揺らぎ始めた「領域国民国家」の概念

さて、ここまでヨーロッパで生まれた「領域国民国家」を、中東に押し付けたことによって生まれたさまざまな問題について見てきました。しかし、「領域国民国家」という考え方がその限界を露呈しているのは、中東に限ったことではありません。

なぜなら「領域国民国家」の故郷であるヨーロッパ自身が、それを支える「領域」「国民」「主権」の定義をめぐって大きく揺らぎ始めているからです。

ヨーロッパの国民国家が一つの共同体として大きくまとまることをめざしたＥＵ（欧州連合）という試みそのものが、旧来の「国民国家」という概念を超えようという壮大な実験であったことは第一章で触れた通りです。そうした試みの一つとしてＥＵ圏内における人とモノの自由移動という原則が打ち立てられました。一九九七年のアムステルダム条約でＥＵの法的枠組みの中に取り入れられたシェンゲン協定によって、国境検問が廃止された国は今やヨーロッパ全体で二六ヵ国に及びます。

「領域国民国家」という概念を支える「国家の領域性」。その具体的根拠である「国境の壁」が取り払われることの意味は極めて大きなものでした。しかし、せっかくなくした国境の壁をもう一度構築すべきだという後ろ向きの議論が、EU各国で沸き起こっています。そのきっかけを作ったのが、中東における「領域国民国家」の崩壊によって発生したシリア難民だったのです。

メルケル首相の決断・二〇一五年八月二五日

ヨーロッパにおけるシリア難民の問題を語る上で大きな転機となった日があります。それは二〇一五年八月二五日。この日、ドイツの移民難民局(BAMF)が「ダブリン規約」の一時的な停止を発表し、大量の難民たちがドイツに向けて一気に殺到していったのです。「ダブリン規約」とは難民申請や難民の扱いを定めた規約でEUのシェンゲン協定加盟国とスイス、ノルウェー、リヒテンシュタイン、アイスランドが加盟しています。難民が入ってきた場合、その難民が最初に上陸したダブリン規約の加盟国で難民の登録を行うこと。その難民がシェンゲ

2015年、セルビアとの国境に作られたハンガリーによる難民締め出しのフェンス（写真提供：UNIPHOTO PRESS）

ン協定圏内のほかの国に移動した場合、その国は難民を最初に難民登録を行った国に送り帰すこともできるというのが、その骨子です。

シリア難民の場合なら、まずは陸路でトルコを経由して、次のギリシャが最初のシェンゲン協定加盟国になるわけですから、ダブリン規定にのっとれば、本来はギリシャで難民登録を行うことになる。しかし、そのギリシャは二〇一五年当時、財政破綻で大変厳しい状況にありました。ギリシャに厳しい財政再建策を求めたのはドイツのメルケル首相でした。難民たちはドイツが難民受け入れに積極的な国であり、豊かな国であることを知っていましたから、とにかくドイツをめざそうとしていました。

一方、ギリシャの側も大量の難民を自分のところで抱えることは不可能でしたから、そのまま難民たちを通過させてしまうわけですが、難民たちがギリシャ国境を越えて次に出た、マケドニア、その次のセルビアはEU加盟国ではありません。その結果、ハンガリーに大量の移民が押し寄せることになりました。セルビアを通過した難民たちが、次にシェンゲン圏内に入るのがハンガリーだったからです。

この状況に強い危機感を持ったのがハンガリーのオルバン首相です。彼はたしかに「排外主義的」な面のある政治家ですが、そうでなくても、ハンガリーには、当時、人口比でEUの中でもっとも多くの難民が入っていたので、とてもじゃないですが現実問題として対応しきれません。

まさに一触即発で、この状況を放置すれば、ハンガリーの警察と難民の間で衝突が発生し、人道的な危機に陥る可能性があるという切羽詰まった状況の中で、ドイツのメルケル首相がオーストリアと協議を行い、とりあえずドイツまで来させるのは仕方がないということで八月二五日「人道上の理由」からダブリン規約の一時停止を決断します。

その結果、難民はとりあえずドイツまで行って難民登録を行えば、それ以前の「第一上陸国」に押し戻されることはないということになり、これをきっかけに大量のシリア難民が一気にドイツを目指すことになったのです。

ちなみに、メルケル首相がこの決断をした前後の、一連の経緯について、ドイツの新聞ツァイトのオンライン版が時系列で整理した「ザ・ナイト・ジャーマニー・ロスト・コントロール」という詳細な記事があるのですが、これを見るとメルケル首相はほとんど独断で、ダブリン規約の一時停止を決断したようです。何しろ、メルケル首相が所属するCDU（キリスト教民主同盟）のバイエルン州での姉妹政党CSU（キリスト教社会同盟）のホルスト・ゼーホーファー党首にすら「休暇でつかまらなかった」という理由で相談せずに決めているのです。

とはいえ、ハンガリーからオーストリアを越えて難民が入ってくるのは、CSUの基盤であるバイエルン州の州都ミュンヘンです。バイエルン州の州首相でもあるCSUのゼーホーファーにすら相談せずに、メルケル首相が独断で難民受け入れを決めてしまったことは、その後、当然のことながら与党内で大問題になるわけですが、おそらくそれも承知で、メルケル首相はシリア難民の受け入れを「緊急事態」として決断しました。

なぜメルケル首相は難民を受け入れたのか？

すでに述べたように、このメルケル首相の決断の背後には「押し寄せる難民によってハンガリーが一触即発の危機に直面し、さらなる人道上の問題が目の前に迫っていた」という差し迫った状況があったのは事実です。

それにしてもなぜ、メルケル首相は自ら政治的なリスクを負ってまで、ダブリン規約の一時的な効力停止を独断で決定したのでしょうか。その背景の一つとして、ドイツの憲法にあたる基本法の「第一六条のａ」に記された「政治的迫害を受けている人は庇護《ひご》権を有する」という条文があります。

これはいわば日本の憲法第九条に匹敵するもので、日本の場合には侵略戦争をしないために戦争禁止と戦力の不保持が憲法第九条に盛り込まれたわけですが、戦後ドイツの基本法は戦力の不保持ではなく、第二次世界大戦中にナチスドイツが行ったユダヤ人迫害などの反省から、「二度と迫害をしない」ということを誓い、その担保として基本法の中に「第一六条のａ」として庇護権条項を定めたのです。

もちろん、現在はいろんな附帯条件がつけられていて、そこには先に触れたダブリン規約も入っているので、いきなりドイツに来たのではなく、ほかのダブリン規約加盟国を経由して入ってきた難民たちを「第一上陸国」に押し戻すことは基本法に反しません。

とはいえ、基本法「第一六条のａ」が定めた「庇護請求権」があり、その理念を尊重する限り、戦火で母国を追われて保護を求めている難民たちを「非人道的な状況」にそのまま放置しておくことはできないという判断があったのだろうと思います。

ただし、そのドイツも、このメルケル首相の決断によって、これほど多くのシリア難民がドイツに押し寄せるとは、想定していなかったのでしょう。ドイツに流れ込む難民の数はあっという間に一〇〇万人を超えてしまいます。しかも、シリアだけでなく、イラクやアフガニスタンなど紛争に苦しむ国々の人たちまでドイツに向かいました。さらに、命に関わるような紛争がない国からも、難民受け入れに便乗してドイツをめざす人が多かったことも混乱に拍車をかけました。彼らは、難民条約でいう難民には該当せず、「移民」ということになります。

当然のことながらドイツは一国でそれを支え切れないので、「ＥＵ加盟国全体で人口比などに応じて難民の受け入れを分配してくれないか」と提案しましたが、これに対してほかの国々が猛反発します。そもそも、ドイツが勝手に難民受け入れを決めたから、こんなことになったのだ。そんなことは、お前たちが勝手に決めたんじゃないか……と。

こうして「人道上の理由」から行ったメルケル首相の決断によって、大量の難民がＥＵ圏内に流れ込み「シェンゲン協定」で溶けてしまった国境、すなわち「国民国家の領域性」を越えて移動します。そのきっかけは、ドイツ一国の首相が独断で行った決断であったかもしれません。皮肉なことでした。戦争でヨーロッパを二度と焦土にしないためにEUを作り国境の壁をなくしたら、今度はイギリスとフランスが無理やり分割して国家を作らせた中東が破綻して、人が流れ込んできたのですから。EU加盟国市民たちはたしかに「お前たちのために国境検問をなくしたわけじゃない！」と叫びたかったでしょう。

しかも、その結果もたらされた状況は、もはや既存の「国民国家」の枠内で対応することなど到底不可能にしてしまったのです。

それでは、この難民問題を既存の「国民国家」の枠内ではなく「ヨーロッパ全体のより大きな統合」をめざしたEUは解決できるのかと言えば、答えはノーであることは、第一章で述べた通りです。それどころか、こうしてドイツが引き金を引いたEU圏内への難民流入が各国で「反EU」の動きにつながっているのが現実です。

すでに述べたように、EUというのは既存の「領域国民国家」の枠を超えた「ヨーロッパ」という大きな共同体をめざす壮大な実験だったわけですが、それは同時に「領域」「国民」「主権」という「領域国民国家」を構成する三要素が、一国のコントロール下から離れてゆくことを意味します。

ドイツはドイツ、フランスはフランス、オランダはオランダ、イギリスはイギリスという

「国民国家」の枠組みに基づいて争っていたヨーロッパが、第二次大戦後にEUを作ることで、お互いの垣根を下げ、従来の枠組みを超える価値でまとまろうとしたのです。

ところが、国境や主権の所在があいまいになっただけで、現実にはお互いの垣根など下がっていなかった。なぜならどの国も「誰が国民か」という定義は変えておらず、「国民」を捨てて統一された「EU市民」に変えることができたわけではないからです。

そのことが「領域国民国家の枠を超えたヨーロッパ全体の統合」をめざしたEUという実験を「未完の革命」にしてしまいました。その結果、ヨーロッパでおきているのは、またしても「領域」と「国民」と「主権」という、「領域国民国家」を支えてきた概念と、それを超えようとして未完の状態にある「EU」との対立やせめぎ合いであり、中東やアフリカから国境を越えて押し寄せる難民の問題が、その構造を大きく揺さぶっているのです。

第三章　限界の国連

シリア内戦が露呈した「国連の無力」

大量の難民流出をもたらしたシリア内戦を通じ、改めて浮き彫りになったことの一つが国連の限界です。シリアのアサド政権が自国民に対して爆撃を繰り返し、五〇〇万を超えるシリア人たちが難民として国外に流出。その過程でシリア政府軍による化学兵器の使用すら指摘されていたにもかかわらず、国連（特に安全保障理事会＝安保理）はその根本的な解決に何の役割も果たせませんでした。

もちろん、国連の中でもＵＮＨＣＲ（国連難民高等弁務官事務所）やユニセフ（国連児童基金）といった、実際に現場で難民や子どもたちに対する援助などを行っている機関は大切な役割を果たしています。しかし、「戦争をどうやって止めるか」というもっとも重要な点について、安保理はまったく機能していません。

シリア情勢に関して言えば、その理由は極めて単純です。アサド政権に対する制裁決議を出しても、アサド政権の後ろ盾となっているロシアが必ず拒否権を発動するため、安保理を通らないからです。

ただし、これは単に「ロシアが悪い」という問題ではありません。例えばパレスチナ問題に関する国連の安保理決議案に四〇回以上も拒否権を発動しているのはアメリカです。安保理常任理事国の「拒否権の行使」を認めている限り、この先も同じことが何度も繰り返されることになるでしょう。それはもはや「国連が機能していない」という段階を大きく超えて「国連が信頼されない」という状況に陥っていることを意味します。第二次世界大戦の反省から戦勝国（現在の常任理事国）が中心となって作った「国連」の機能と信頼を、その常任理事国が自ら壊してしまったのです。

国連が世界秩序であった時代は終わった

国連の問題点について語る際に「国連はもはや巨大な官僚組織と化してしまった」と批判することがあります。たしかに、今の国連にはそうした面があるのは否定しません。

ただし、それは必ずしも問題の本質ではありません。なぜなら国連を構成するのはそこに参加している「主権国家」であって、そもそも「国連本体」というのはその「事務局」に過ぎないからです。

ところが、政府関係者や政治家たちも含め、多くの日本人は国連というものの基本的な仕組みについて正しく理解していないようです。国連を構成しているのは、主権国家である加盟国とその代表。各国とも国連本部や他の国連機関に対して「常駐代表部」という名称で外交団を送りこんでいます。そして国連本体の事務局、さらに国連から委託された個人の専門家たちの三つです。ちなみに、この中で「個人として委託を受けている専門家」というのは「どの加盟国の意向も忖度する必要がない」ということを国連によって担保され、さまざまな分野で国連機関に提言を行う役割を果たします。

二〇一七年、日本における「報道の自由」や「表現の自由」の問題について、国連の人権問題を担当する特別報告者が批判的な報告をまとめた際、日本政府は、グテーレス国連事務総長の言葉を引用しながら、「それは必ずしも国連の総意を反映するものではない」などと反論して話題になりました。

しかし、国連の特別報告者（スペシャル・ラポラトゥール）というのは「どの加盟国の意向も忖度する必要がない個人として国連から委託を受けた専門家」のうちの一つです。その特別報告者のレポートが「国連の総意ではない」のは当たり前で特別報告者自身の意見です。それを「国連の総意ではない」とわざわざ言及した日本政府は、国連という機関をよく理解していないかのようでした。

日本政府として異論や反論があるなら、それは国連人権理事会で日本の国連大使が発言すればいい。そもそも、国連の事務局が特定国に対して何か言うことはできません。安保理の決議や国連総会の決議ではない限り、主権国家の集まりである国連の「総意」などと言えるはずがないのです。

問題はその「安保理」が深刻な機能不全に陥っているということでしょう。本来なら、紛争や戦争といった「安全保障問題」の解決のために存在する安保理が、今や「大国が多数派工作を通じて自分たちの意向を通す場」になってしまったからです。

主権国家が自国民を虐殺する「想定外」

国連が「調停者」としての役割を果たせていない理由の一つは、今、中東でおきている問題の多くが、主権国家間で話し合って片がつく問題ではないからです。

ＩＳなどに象徴されるイスラーム関連の問題というのは、そもそも、主権国家単位の問題ではありません。一方、シリアの内戦に関して言えば、国連においてシリアはアサド政権が一票の権利を持っている代表ですが、そうした主権国家が自国民を虐殺するという状況は想定されていませんでした。

シリアのアサド政権が自分で自分の国民を虐殺しても、それは主権国家の内側でおきている問題ですから、国連の枠組みの中では基本的に「シリアの内政問題」ということになってしまうのです。しかし、そのアサドを軍事的に支え続けたのはロシア、イランで、反政府勢力のバックにはトルコ、クルドのバックにはアメリカがいます。外国が内戦に参加しているのですからこれは内戦ではなく戦争だったのです。

もちろん、国連の場でシリア政権の「非人道的行為」を非難することは可能ですし、安保理が「制裁決議案」を採択するという方法もあります。しかし、現在のシリアとロシアの関係のように、ある国が常任理事国のどれかと結びつき、その常任理事国が「拒否権」を発動してしまえば、たとえ自国民を虐殺していても、安保理はその国の責任者を戦争犯罪には問えないし、制裁を加えることもできません。

こうした構造を五ヵ国の「常任理事国」の側から見れば、彼らにだけ与えられた「拒否権」という特権が、自国の権益のためにほかの国連加盟国をコントロールする非常に有効なツールとなります。

イスラエルにとってのアメリカや、シリアにとってのロシアがそうであるように、今後はその特権を利用して、中国がアフリカ諸国への影響力を強めてゆく可能性が高いでしょう。何しろ常任理事国のどれかが「後見人」になってくれさえすれば、国連におけるその国の立場は

「安泰」なわけですから、これほど有効な後ろ盾はありません。残るイギリスやフランスや中国も同じことを始めないとは言い切れません。

しかし、こうしたやり方がどんどんと一般化していけば、国連は問題の解決能力を失うだけでなく、秩序構築の基礎である「正義」や「信頼」を自ら失うことを意味します。

「分担金」が踏みにじる一票の平等

国連では主権を持っていない組織は、意思決定に関与することはできませんし、国連の場で一票を投じる資格がありません。そのためパレスチナはずっとオブザーバー資格のままでした。パレスチナ問題について「当事者」として一票をもつのは占領する側のイスラエルや周辺のアラブ諸国です。しかし、アラブ諸国はとっくにパレスチナとの連帯の旗を降ろし、アメリカの側についています。アメリカはユネスコ（国連教育科学文化機関）が二〇一一年にパレスチナを正式な加盟国と認めたことに反発して、拠出していた分担金を止めてしまいます。これはオバマ政権下でのことです。さらにトランプ政権はユネスコが、パレスチナ自治区にあるヘブロンの遺跡を世界文化遺産に登録したことなど、反イスラエルに偏向しているという理由で二〇一八年末での「ユネスコ脱退」を宣言してしまいました（その後イスラエルも続いて脱退表明）。アメリカはユネスコへの最大の資金拠出国でしたから、言うまでもなくユネスコの活動は危機的な状況に陥っています。

実は一九八〇年代にもアメリカは、運営方法が非効率だとかソ連の力が強いことに嫌気して脱退したことがあり、二〇〇〇年代になって復帰しました。ですから出たり入ったりしたことになり、アメリカがユネスコに相当イライラしていたことがわかります。ユネスコという機関は、教育、科学、文化をカバーする国連機関ですが、その憲章の前文の一節を紹介しておきましょう。


戦争は人の心の中で生れるものであるから、人の心の中に平和のとりでを築かなければならない。

相互の風習と生活を知らないことは、人類の歴史を通じて世界の諸人民の間に疑惑と不信をおこした共通の原因であり、この疑惑と不信のために、諸人民の不一致があまりにもしばしば戦争となった。

ここに終りを告げた恐るべき大戦争は、人間の尊厳・平等・相互の尊重という民主主義の原理を否認し、これらの原理の代りに、無知と偏見を通じて人間と人種の不平等という教義をひろめることによって可能にされた戦争であった。

文化の広い普及と正義・自由・平和のための人類の教育とは、人間の尊厳に欠くことのできないものであり、且つすべての国民が相互の援助及び相互の関心の精神をもって果さなければならない神聖な義務である。

政府の政治的及び経済的取極のみに基く平和は、世界の諸人民の、一致した、しかも永続する誠実な支持を確保できる平和ではない。よって平和は、失われないためには、人類の知的及び精神的連帯の上に築かなければならない。


（文部科学省、日本ユネスコ国内委員会による）


ユネスコの精神というのは戦争の惨禍を二度と繰り返さないために教育や文化を大切にすることを訴えるものです。私は、かつてユネスコの社会科学のプログラムでアジア・太平洋地域選出の学術諮問委員を務めたことがあります。この仕事も、国連が委嘱する独立した専門家です。パリの本部に行くたびに、石碑に刻まれたこの憲章を味わいながら読んだものです。

もちろん、不満があるから脱退するというのは、主権国家の自由です。しかし、問題はユネスコの活動を支える資金で、アメリカはこれまでユネスコの予算の二二パーセントを負担していましたから、脱退すれば払わない。これはユネスコの活動にとって非常に大きなダメージです。

国連では主権国家には平等に「一票」の権利が与えられますが、現実にはその国力に応じて拠出金は異なります。アメリカのように拠出金の多い国は「自分たちは拠出金を誰よりも多く払っているのに、自分たちの思い通りにならない」という状況に不満がありました。

日本も南京《ナンキン》大虐殺文書の記憶遺産登録をめぐり、ユネスコに審査方法の見直しを求めて分担金の拠出を何度か見合わせています。ユネスコからアメリカが抜けた後は分担金額の大きい日本と中国が自分たちの主張を通そうとするでしょう。

日本は、かつて中国への侵略を批判され「国際連盟」を脱退しました。第一次世界大戦の後に作られた国際秩序が国際連盟だったわけですから、日本は、その秩序の枠組みから飛び出して、戦争に突っ込んでいったことになります。アメリカやイスラエルのユネスコ脱退は、ユネスコという一国連機関のこととはいえ、第二次世界大戦後に作られた国際秩序から出て行くと宣言したことになります。

その結果、国連において、大国も小国も、すべての主権国家は平等だというのは、単なる幻想に過ぎないことが明らかになるわけですが、大国による「金の力で圧力をかける」というやり方が続けば、もはや国連機関の活動は成り立ちません。

この状況をトルコの前首相かつ元外相であるアフメト・ダウトオウル氏は二〇一七年に同志社大学で講演した際に「国連が世界秩序であった時代は終わった」と指摘していました。本来の機能を失い、国際的な秩序を実現する「主体」としての信頼も失いかけている国連は、シリアでの戦争のような紛争の「調停者」としての役割を果たすことが著しく難しくなってしまいました。それこそが今、私たちが目にしている「国連の限界」の姿なのです。

独裁者は「最後まで嘘《うそ》をつき続ける」

二〇一六年一二月にシリアの「東アレッポ」が陥落した際、国連のデミストゥラ特使が「国連の枠組みで停戦合意を……」と呼びかけたにもかかわらず、完全に無視されてしまいました。では、紛争の当事者であるシリア政府軍と反政府勢力間の停戦合意をとにもかくにもまとめたのは誰だったのか？　それはトルコとロシア、イランの三ヵ国でした。

もちろん、「ロシアとイランはアサド政権の後ろ盾に過ぎないじゃないか」と言うこともできます。「そこに強権的な政治姿勢が批判されているエルドアン大統領のトルコが加わった停戦合意なんて大丈夫なのか？」「言うことを聞かない三人が集まって『話をつけた』と言っても、本当にそれでいいのか……」という声もあるでしょう。

しかし、国連が停戦を実現できなかった以上、誰かが戦争を止めるしかありません。そして、この三国が反アサド政府勢力の拠点であったアレッポ陥落の際、それを実現し、多くのアレッポ市民の脱出を可能にしたことは事実です。その結果、最後まで東アレッポに残っていた多くの市民の命が市街戦の犠牲とならずに済んだのですから、その意味は決して小さくありません。

日本ではいまだに誤解している人が多いのですが、膨大な数の難民と国内避難民を生み出した最大の責任はISや反政府勢力ではなく、シリアのアサド政権にあります。破壊力と殺傷力の極めて高い「樽《たる》爆弾」で容赦なく市街地を爆撃し、時には国際法で使用が禁じられている化学兵器まで使用して「暴力と恐怖」で自らの体制を守ろうとしたアサド政権こそが、大量のシリア難民を生み出したのです。

そのアサドを誰も止めることができないのはなぜなのでしょうか？　その理由の一つが、バッシャール・アサドという人物と権力の中枢にいる人たちの非常にしたたかで実利主義的な姿勢と、シリアをめぐる「関係各国」の思惑です。

アサドという独裁者は「最後まで嘘をつき続けること」こそが、主権国家として生き残る唯一の道だと確信しているようです。

アサドが樽爆弾で国民を虐殺したことや、四〇万人近いシリア内戦の犠牲者のうちの大半はアサド政権側の攻撃によるということは多くの国が知っています。また、度重なる化学兵器の使用についても、そのたびに国際社会から強い批判を浴びています。

二〇一七年九月にも国連人権理事会が設置したシリア内戦に関する独立調査委員会が「アサド政権軍が市民に対し化学兵器を何度も使用した」と結論付ける報告書を発表しました。しかし、アサドは決してそれを認めようとはしません。

なぜなら、国連に議席を持っているのは化学兵器の被害者である反政府勢力支配地域の市民ではなく、アサド政権だからです。仮に自分がどのような批判を浴びようとも、その非を自ら認めない限り、国連がその加盟国である主権国家を潰すことはできないことを、彼はよくわかっているのです。これは北朝鮮の金正恩《キムジョンウン》委員長も同じで、北朝鮮も国連に議席を持っている以上、国連は一つの「主権国家」としてほかの加盟国と対等に扱うという原則は越えられない。

それなら最後まで「嘘」をつき続けるほうが賢明だということになります。その結果人道の危機を招いたとしても、最終的に安保理で拒否権を行使し守ってくれる「後ろ盾」のロシアと中国さえ押さえておけば、国連の制度上、主権国家の政権を交代させたり、潰したりすることはできないからです。

二〇一八年六月には、歴史的な米朝首脳会談が実現して、世界は、朝鮮半島の非核化と平和の気運が高まったと歓迎しています。もちろん、私もその方向に進むなら歓迎ですし、南北が平和共存の道に進むことは東アジアの安全保障にとって大切なことだと思います。

しかし、金正恩委員長もまた、今の世界を生き抜く独裁的権力者であることを冷静にみるべきだと思うのです。彼に本当に非核化を実現する意思があるかどうかの問題ではないように思います。彼の周りには、シリアのアサド大統領や中国の習近平《しゅうきんぺい》国家主席やロシアのプーチン大統領がいます。ちなみに、シリアと北朝鮮は四〇年来の友好国。私がシリアに留学していた八〇年代前半にも、北朝鮮からの留学生が来ていましたし、両国の軍は密接な関係にありますから、お互いに、独裁的統治のノウハウを共有しているのは間違いありません。

金正恩委員長は、「世界が主権国家からできている」という体制のなかで、泳ぎ渡る術《すべ》を駆使しているだけのことだと私には思えます。拉致問題があろうと、人権侵害があろうと、法の支配など一顧だにしない冷酷さがあろうと、主権国家の長は国家を代表できるのが現在のシステムですから、その地位を失わなければいいのです。

2017年11月、ソチでのアサドとプーチン
（写真提供：UNIPHOTO PRESS）

ロシア外交のトラウマとなったリビア内戦

プーチン大統領にとっても、アサド大統領にとっても、金正恩委員長にとっても、「絶対にこうなってはいけない」モデルが過去にありました。長年リビアの統治者として君臨したムアンマル・カダフィ大佐です。二〇一一年の「リビア内戦」の際に独裁者のカダフィ大佐が行ったのも、アサド大統領と同じく「自国民に対する殺戮」でした。しかし、カダフィ大佐が犯した最大の「失敗」はその前の時点で、欧米諸国の要求に従って非核化とそのための査察に応じたことでした。

アラブ諸国で沸き起こった民主化運動が反政府勢力と政府軍との内戦状態に陥ったとき、リビアの後ろ盾となってきたロシアと中国は、彼が人道の危機を引き起こした際に見放してしまい、拒否権を行使しませんでした。その結果、安保理でリビアの空爆を承認する国連決議案が通ってしまったのです。

国連が錦の御旗《みはた》を与えたことで、リビアでは米英仏を中心とした多国籍軍が軍事介入に踏み切り、政権は崩壊。独裁者のカダフィ大佐は一切の司法手続きもなく、戦時国際法さえ無視する形で惨殺され、その遺体は晒しものとなりました。

ロシアのプーチン大統領にとっては、これが国連外交における大失態となりました。アサド大統領や金正恩委員長にとっては、絶対に犯してはならない「失敗」と映ったはずです。アサド大統領の側も後ろ盾であるロシアに「拒否権行使」の口実を残すことが、つまり、妥協せず、一貫して「嘘」をつき続けることが、自分にとって唯一の道であることをリビア内戦から学んだのです。そうやって、両国の利害が一致している限り、国連は深刻な人道の危機をもたらす「主権国家」に対して無力と化してしまうのです。そうであるならば、金正恩委員長が非核化に向けて何を言おうが、何をしようが、その真意もおのずと明らかになるのではないでしょうか。

大国を「利用する」現実主義の独裁者たち

ちなみに、リビアのカダフィ大佐は過激な発言や派手なパフォーマンスで知られ、テロ支援国の元首として、アメリカから「狂犬」扱いされていた人物ですが、彼もアサド大統領と同じで相当なプラグマティスト（現実主義者・実利主義者）としての一面を持っていました。ですから、冷戦のときはソ連（ロシア）側に付くことで何とかやっていたけれど、冷戦が終わると、すかさずアメリカや欧米側に妥協的な態度をとります。一九八八年のパンナム機テロ事件でも最後はリビアの関与を認めて賠償金を支払い、核兵器、大量破壊兵器の査察に応じて、いわば「よいこ」としてふるまったことが仇《あだ》になってしまった。

私たちは未だにかつての「米ソ超大国」による「冷戦構造」で世界を見てしまいがちです。そのためリビアやシリアも「米ロ冷戦構造」の産物として捉えてしまい、彼らもまた大国に「利用」されている「被害者」なのだという言説すら目にすることがあります。

しかし、それらの「主権国家」を率いるアサド大統領や金正恩委員長のような指導者たちは「被害者」ではありません。彼らはむしろ、自らの権力のために計算ずくで大国を利用している、したたかな現実主義者なのです。ここにも領域国民国家、主権国家というものの負の側面がはっきりと表われています。

実際、シリアのアサド政権とロシアとの関係も非常に実利的なものです。冷戦の時代、シリアはソ連に近いと言われていましたが、実際のシリアは「親ソ」ではなく、ソ連を利用していたに過ぎませんでした。隣国イスラエルに対する防衛にソ連を利用していたのです。

ソ連は、シリア以外に中東からアフリカにかけて軍事拠点がありませんでした。地中海におけるプレゼンスを維持するには、シリアに基地を置くしかなかったのです。現大統領の父ハーフィズ・アサド前大統領は非常に怜悧《れいり》な人物で、国際間のパワーバランスの中で生き抜く知恵を備えていました。ちょうど第四次中東戦争（一九七三年）でアラブ諸国側が石油危機を引き起こして少しイスラエルよりも優位に立ったころです。ソ連は中東、特に東アラブ地域での橋頭堡《きょうとうほ》を必要としていましたが、どこもあまりなじみがありませんでした。社会主義の国がイスラームの本丸に食い込むというのは、なかなか難しい。そこで、「社会主義」を標榜する相手と組むとなると、シリアのバアス党政権ということになったのです。バアス党というのは、「社会主義・アラブ・復興党」の意味ですから、とにもかくにもアタマに「社会主義」がくっついている。

政治イデオロギーといえども、いたって実利優先で使う国ですから、本気でソ連の真似《まね》などする気はさらさらないのに、ソ連と結託したのです。ソ連は、シオニズムと戦うシリアを援助するという大義名分を得て軍事拠点を設け、地中海への足掛かりを得ることに成功しました。

シリア各地にソ連のミサイル基地などを置いたのも、どちらかというとシリアがソ連を利用していたと言えます。基地にはソ連の軍事顧問団が常駐していて、これがある限りイスラエルは攻撃できないからです。ソ連は、地中海に面したタルトゥースの海軍基地とラタキヤの空軍基地をシリア国内に持つことができたわけですが、シリアから見れば、当時はソ連軍、今はロシア軍を「用心棒」として雇っただけの話なのです。

ちなみに、私がシリアに留学していた一九八一年から一九八三年というのは、ちょうどアフガニスタンにソ連が侵攻している最中で、人口の多数を占めるスンナ派ムスリムのシリア人のソ連に対する感情は大変悪かった。アフガニスタンのムスリム同胞を傷つけているのはソ連だということで、人びとの中には強い反ソ感情がありました。

その当時、シリアにいるソ連軍の軍事顧問団のアパートが爆破されて粉々に吹っ飛ばされるという事件があって、これなどは明らかにシリア国内の反ソ連感情が引き起こしたテロだったと思いますが、シリア政府はソ連との関係を悪化させないために「単なるガス爆発事故だ」と言い続けていました。

また、シリアは一方で、いわゆる「アラブ・ナショナリズム」を利用しながら、長年、アラブ諸国、特にサウジアラビアなどの産油国から経済的な支援も引き出してきました。イスラエルと国境を接するシリアは「アラブ民族の連帯」を背負い、最前線で身体《からだ》を張っているのだから、それなりの支援をするのは当然だろう、という理屈でアラブの産油国から金を集めていたのです。

ところがその後、それらのアラブ諸国、産油国が一斉に親米に傾斜してしまうと、この口実が使えなくなり、シリアはだんだん金が枯渇してくる。しかも一九九〇年八月にはイラクのサッダーム・フセインが突如隣国クウェートに侵攻して占領してしまうという暴挙に出ました。一九九〇年の湾岸危機と九一年の湾岸戦争です。そのころソ連は崩壊寸前でしたので、シリアはあっさりアメリカ側に寝がえり、クウェート解放のための多国籍軍に加わってしまうのです。何たる身のこなしの軽さ。昨日までのパトロンを一夜にして捨てて、金のありそうな西側陣営にポンと飛び込んだのです。このことからもシリアのアサド政権が「ソ連／ロシア」の従順な子分などではなく、むしろ、したたかなプラグマティストであることがよくわかると思います。

このシリアの寝返りに危機感を強めたのがロシアでした。ここでロシアがシリアとの関係を失うと、ロシアにとって軍事的に重要な意味を持つ地中海の拠点を失うことになりかねない。そこで、ロシアはシリアにしがみついた……。これが現在まで続くシリアとロシアの関係の基盤になりました。

今となっては、この時、必死でつなぎとめたシリアとの関係が、一時非常に低下していたロシアの中東地域における存在感を増す結果になったわけですから、ロシア側もその戦略的な意味を考えシリアを手放すことはあり得ません。

こうして両国がお互いを利用しあう共依存関係になってしまえば、国連はもうどうすることもできないのです。あとはアサド大統領が「嘘をつき続ける」だけでいい。それさえできれば、主権国家としてのシリアをロシアの「拒否権」が守ってくれるからです。

その結果、四〇万人もの自国民を犠牲にし、五〇〇万を超える自国民が「難民」として国外に流れ出すという「人道上の危機」の原因を作った人間が、そのまま国家の指導者として、独裁者として政権を維持し得てしまう……。そうした不正義に対して、「国連」という枠組みはあまりにも無力です。

イスラエルはアサド政権の継続を望んでいる

私は以前から、冷戦のパラダイムでイスラーム地域の問題を扱うことはできないと言い続けてきました。世間にはいまだにシリア内戦を「米ロによる代理戦争」であり、アメリカのシリアへの動きをことあるごとに侵略であるかのように語る人がいますが、それはまったく当てはまりません。なぜなら、国内にロシア基地を抱えているシリアは冷戦後も基本的にロシアの縄張りなのであって、アメリカには長年、そこにあえて介入する意思も、理由もなかったからです。

二〇一七年四月にシリアの化学兵器使用が問題になった際、アメリカがシリアの空軍基地に対して巡航ミサイルのトマホークを撃ち込んだのが、アメリカによる初めての直接的軍事介入だったことからも、シリアがもともと「米ソ」あるいは「米ロ」がお互いに牽制《けんせい》しあう「冷戦構造」の舞台ではなかったことがわかります。

アメリカがそれまでシリアに介入しなかったのには、アメリカ側の積極的な理由があります。それはイスラエルとシリアの関係です。実は長い間イスラエルにとって「アサド政権のシリア」がアラブ諸国の中でもっとも信頼できる相手であり、アメリカもそのことを理解していたからです。

イスラエルとシリアの信頼関係……などというと、少し意外に感じる方もいるかもしれません。歴史を振り返ってみるとシリアは、ずっとシオニズム反対、イスラエルのパレスチナやゴラン高原の占領に反対、アメリカ帝国主義反対と言い続けてきました。しかし、一九七三年の第四次中東戦争以降、シリアは散発的な応酬はあるものの、イスラエルと全面的な戦争をしたことがありません。

厳密に言えば、一回だけ、一九八二年にレバノン南部にイスラエルが侵攻した際、そこに駐留していたシリア軍がイスラエルと交戦しているのですが、これも基本的にはイスラエル対レバノンの話であって、それを除けば、イスラエルはシリアを攻撃してこなかったし、シリアもイスラエルを直接は攻撃しなかった。つまり、過去四〇年以上にわたって、お互いに「敵だ」「敵だ」と言いながら、実際には口だけで戦争する気配などまったくありませんでした。

もし、ロシア軍(以前はソ連軍)基地を国内にもつシリアの存在が、イスラエルにとって深刻な脅威だと認識されていれば、アメリカはイスラエルに対する脅威を取り除くために、間違いなく何らかのアクションをおこしていたでしょう。逆の言い方をすれば、イスラエルがシリアのことを現実的な脅威とは認識していなかったからこそ、アメリカも一貫してシリアへの不介入を続けてきたと考えられます。

むしろ、イスラエルがアサド政権の存続を望んでいたことは明らかです。内戦が始まる前から、イスラエルにとっての脅威は9・11のようなテロをおこしたアル・カーイダなどの急進的・暴力的イスラーム主義勢力でした。内戦が始まると、世界中からジハードの戦士が反政府勢力の核となったスンナ派ムスリムに加勢するためにシリアに集まってきましたから、これはイスラエルにとって大変な脅威だったのです。占領によってパレスチナのムスリム同胞を苦しめるイスラエルは、誰がどう見てもイスラームの敵に違いありません。ジハードの戦士たちは、いずれイスラエルに刃を向けるに違いないとイスラエルは信じています。だから彼らと戦ってくれるアサド政権は、イスラエルにとっては好ましい存在だったのです。イスラエルの政治家に聞いても市民に聞いても「アラブ諸国で一番信頼できるのはアサドだ」と言っていましたし、彼らはシリア内戦についてもアサド政権の存続を望んでいます。

特にアサド政権の基盤である首都ダマスカスはイスラエルとの国境に近いシリア南部にあるため、この地域でアサド政権が弱体化し、そこにジハード主義者たちの勢力が入り込んでくることはイスラエルにとって実に不都合な状況だったからです。

ところが、二〇一八年五月、アメリカはイランとの核合意から脱退すると宣言しました。この合意は、イランが核兵器開発を止める代わりに経済制裁を解除するというもので、安保理の常任理事国すべてとドイツ、EU、イランの間で交わされたものです。イランがその約束を破ったわけでもないのに、トランプ大統領は一方的に「ひどい約束だ、イランは核開発を続けるに決まっている」と言い出しました。イギリス、フランス、ドイツの三ヵ国は首脳をアメリカに送って、脱退を思いとどまるよう説得しましたが、トランプ大統領は聞きませんでした。

日本では朝鮮半島の南北対話と米朝会談に関心が集中していたので、この問題はうっかりすると見過ごしてしまう程度の報道でした。しかし、世界は朝鮮半島情勢と同じくらいにイランの核合意からアメリカが抜けることを深刻に受け止めていたのです。アメリカが経済制裁を復活させてしまうと、追いつめられたイランが核兵器の開発に乗り出す恐れがあるからです。

トランプ大統領の決定を絶賛したのはイスラエルでした。イスラエルは、イランとイランが支援するヒズブッラー（ヒズボラ）というイスラーム組織が、シリアのアサド政権を支援していることを脅威と受け取っています。シリアが大混乱に陥っているなか、イランとヒズブッラーが着々とシリア国内に地歩を固めているからです。イランもヒズブッラーもイスラエルの存在を認めていません。イスラエルは、いつ攻撃されるかわからないという恐怖を感じています。スンナ派のイスラーム過激派も脅威ですが、シーア派のイランやヒズブッラーも同じく脅威なのです。スンナ派反政府勢力が、アサド政権軍とロシア軍の攻撃で弱体化していくなか、今度はアサドを支えるイランとヒズブッラーが脅威として前面に出てきたことになります。

そして、トランプの脱退宣言の直後、イスラエルはシリア領内のイランの施設やヒズブッラーの拠点を攻撃しました。それまでも、何度かヒズブッラーの軍事拠点を攻撃してきたのですが、今やアメリカのお墨付きを得たも同然ですから、公然とシリアを攻撃することになるでしょう。

イスラエルとアメリカが親密な関係なのは昔からのことですが、トランプ大統領の娘の夫クシュナー氏が政権中枢に入ってから、両国の関係はかつてないほど強化されています。彼はユダヤ人でイスラエルのネタニヤフ政権とも近い存在です。そして、アメリカのキリスト教福音派も、イスラエルに強いシンパシーを抱いています。彼らはトランプの支持基盤ですから、無謀な決定を支持し、国際的な秩序も無視しはじめているのです。

イスラエルにおいているアメリカの大使館をテルアビブからエルサレムに移すという決定も、同じ理由でトランプ大統領が実行したのです。

トランプ政権のシリア攻撃を決定づけた、化学兵器とイスラエル

このように、微妙なバランスの上に成り立っていたシリアとイスラエル、そしてアメリカの関係を大きく揺さぶったのが、二〇一七年の四月四日にシリアのイドリブという町でおきた、政府軍による化学兵器の使用でした。そしてこの時アサド政権側の攻撃であると、いち早く断定したのがイスラエルの政府と報道機関でした。

第二次世界大戦中のホロコーストでは、強制収容所に入れられた多くのユダヤ人がナチスド

イツの毒ガスで犠牲になったこともあり、イスラエルという国は化学兵器の使用に対して非常に敏感で、一九九一年の湾岸戦争のときには国民全員に防毒マスクを配ったことでも知られています。

そのイスラエルが誰よりも早く「アサド政権が化学兵器を使った」と断定したのは、彼らがシリア国内に張り巡らせたスパイ網がもたらした情報によるところが大きいと思われます。しかし、すでに述べたように、本来はアサド政権の存続を望んでいるはずのイスラエルが、ヌスラ戦線などほかの武装勢力ではなく、あえて「アサドの政府軍による化学兵器使用」だと即座に報じたのは、それがイスラエルの安全にとって大変重大な「毒ガス」に関わる問題であり、アサド政権の関与を裏付ける、確度の高い情報を手にしていたからでしょう。

先ほども述べた通り、トランプ大統領の娘婿であるクシュナーはイスラエルのネタニヤフ政権と非常に近いですから、この情報がクシュナーを通じてアメリカにもたらされ、アメリカはイスラエルを防衛するために二〇一七年四月六日にミサイルをシリア領内の軍事施設に撃ち込んだのです。ですからあの時、アメリカが初めてシリアへの軍事介入に踏み切った理由は「人道的な観点」ではありません。アサドがシリア内戦中再三にわたり疑惑をかけられてきた化学兵器の使用に公然と踏み切ったことで、イスラエルがそれまで静観していたシリアのアサド政権を「深刻な脅威」とみなし、その「イスラエルに対する脅威」を取り除くという目的でトランプ大統領がシリアへの限定的な武力行使に踏み切った、という構造で理解する必要があるのです。

アメリカとロシアがまとめた大義なき解決

もちろん、ロシアは大慌てです。何しろこれまで自分の縄張りであるシリアに手を突っ込むことはないと思っていたアメリカから（ロシア側に対する事前通告はあったとはいえ）突然ミサイルが飛んできたわけですから。

その直後にアメリカのティラーソン国務長官（当時）がモスクワを訪問した際、本来なら国務長官の相手はラヴロフ外相のはずですが、直接プーチン大統領とも会っています。

しかも、その後のティラーソンとラヴロフの共同記者会見の中でも、ティラーソン国務長官が「アサド政権が化学兵器を使ったと確信している」と強調し、ラヴロフ外相はこれに対して明確に否定しなかった。それどころか、ラヴロフ外相は「ティラーソン国務長官は制裁すると言って私を脅迫しなかった」と評価して、「自分たちの縄張り」であるシリアがミサイル攻撃にさらされ、大国としてのメンツを潰された国としては驚くほど謙虚なものでした。

ところが、あの時、日本のメディアの多くは完全に事態を読み間違えていて「これで米ロの関係が最悪になった」と書いていた。これはいまだに冷戦構造に捉われた的はずれな認識です。もちろん、あの状態で米ロ関係が「良好だ」とは言いません。しかし、肝心なのは、そこから先どうするかということです。

あの時、おそらくティラーソン国務長官は「イスラエルにとって脅威になるようなことをアサド大統領がやるのは容認できない」と伝えたのだと思います。一方、ロシアの側にとっても、イスラエルまで巻き込んで複雑にするのは不利ですから、ここはメンツにこだわらず、それ以上のことは突っ込まない、ということで手を打った。

当然、焦点であるはずの、アサド大統領が化学兵器を使ったかについても、ロシア側はシリアの化学兵器の備蓄の一部が過激派の手に渡ったと言いながら、「我々は誰も非難しないし擁護もしない」と積極的に否定しようとしなかったのです。それどころか「今後は米ロ間の連絡を密にしたい」ということも言っている。

アメリカの主張が全くの言いがかりなら、ラヴロフは真っ向から反論したはずですから、これは事実上「アサド大統領の仕業」であると認めたようなものでした。老練な外相であるラヴロフの発言というものは、自信をもっている時には実に容赦のないものですから、一歩引いている時は、相手の言い分を認めているはずです。ロシア側としても、ここでアメリカというプレイヤーがシリア情勢の前面に立つことは、どうしても避けたかった。そのためロシア側は多少のことに目をつぶってでも、アメリカとの対立を最小限に収めることに重点を置いたのでしょう。

シリア情勢に関する米ロの関係というのは、このように「微妙な」実利的、実際的なパワーバランスの上に成り立っています。それをとっくに賞味期限が切れた「冷戦構造」の構図で捉えようとすると、結果的に問題の本質を大きく見誤ることになるのです。

誰もアサド大統領を止められない

それにしても、すでに「前科」のあるシリアが、こうして再び化学兵器を使用することを結果的に阻止できなかったというのは、国際社会にとって大きな敗北と言わざるを得ません。それどころか、都市の包囲戦で自国民を飢餓に追いやり、殲滅戦《せんめつせん》を行ったアサド政権は何の責任も問われず、いまだに権力の座にありますし、ＩＳの壊滅とロシアの軍事支援によって、今やその力は増しつつあります。

二〇一三年の八月にもアサド大統領は化学兵器を使用しました。首都ダマスカスの東にある、当時反政府勢力が支配していたグータに対して、弾頭にサリンを搭載したと疑われるミサイルを撃ち込んで、一四〇〇人近い犠牲者を出したのです。当時のオバマ政権は「アサド大統領はレッドラインを超えた」という言い方で軍事力の行使に踏み切る姿勢を見せたにもかかわらず、結局、アメリカ議会とイギリスが同調せず、軍事力の行使を見合わせました。

オバマ政権時代のアメリカでは、泥沼化したアフガニスタン情勢やイラク戦争の開戦理由とされた大量破壊兵器の存在が確認されなかったという苦い記憶もあり、厭戦《えんせん》気分が非常に強かったのは事実です。

ただし、化学兵器を使用したアサド政権に対して、アメリカとロシアが何もしなかったわけではありません。二〇一三年夏の化学兵器による攻撃がおきた後、ロシアのラヴロフ外相はシリアのムアッレム外相をモスクワに呼びつけて、アサド政権に化学兵器の全廃を約束させ、アメリカ政府にそれを伝えて軍事介入をおさえこもうとしました。

思い返せば、その年のノーベル平和賞にＯＰＣＷ（化学兵器禁止機関）が選ばれた理由も、シリアの化学兵器を廃棄させるために大きな貢献をしたことだったはずです。ところが、二〇一七年四月、そのアサド大統領がまたも化学兵器を使い、後見人であるはずのロシアのメンツを再び潰してしまったのです。

ふつうに考えれば、これはアサド政権にとっては非常に大きなミスのはずです。ところが、彼はそのことを一向に意に介さず、再び化学兵器に手を出した。そこにもまた、アサド政権の狡猾《こうかつ》な計算があるように思えます。当時はアレッポがすでに陥落し、残された反政府側の拠点はイドリブぐらいでしたから、ここに化学兵器を使用して反政府側に「恐怖」を与えれば、他の地域も簡単に落とすことができるだろうと考えていたのでしょう。

もちろん、それが結果的にロシアのメンツを潰すことは、アサド大統領もわかっているはずですが、同時に「それでもロシアは自分を見捨てられない」ということもわかっている。

実際、先述の二〇一七年四月にアサド大統領が化学兵器を使用した後も、ロシアは一貫してシリア政府軍への軍事的な支援を続け、国内の反政府勢力に対する空爆でも、常に大きな役割を果たし続けてきました。一方、アメリカはシリア国内のクルド人武装勢力を支援して「ISとの戦い」に絞ってシリアに介入しており、今に至るまでアサド政権の排除に向けた具体的な行動をとろうという気配はありません。

二〇一七年一二月一九日、マクロン仏大統領はパリでのストルテンベルグＮＡＴＯ（北大西洋条約機構）事務総長との会談後、シリア内戦について、レバノン、トルコ、ヨルダンに避難したシリア難民はアサド体制が続く限り戻ることはないとし、「世界中の数百万のシリア人にとって敵は一人、それはアサド大統領だ」と発言しています（ブルームバーグ報道）。

そして二〇一八年の四月、またしてもアサド政権は化学兵器を首都近郊の反政府勢力の支配地域に使います。今度は、米英仏の三ヵ国がアサド政権に対して攻撃しました。その時は、二〇一七年と違って即座に攻撃せず、一週間ほど間をおいています。ロシアの出方を窺っていたようです。もちろん、国連安保理が緊急招集されて、化学兵器使用について討議されましたが、無駄なことでした。ロシアはシリアに対する攻撃は認められないとして、米英仏が求めた調査を拒否。しかし、三ヵ国は攻撃しました。わずか一時間ほどの攻撃でした。ロシア政府は非難しましたが、攻撃できたということはシリアに駐留するロシア軍が反撃しなかったことを意味します。シリアの防空網はアサド政権ではなくロシアが支配しているからです。それを使わなかったということは、ロシアは結果的に米英仏の攻撃を容認したということです。

むしろ、ロシアはアサド政権に手を焼いているとみるべきでしょう。アサド政権が大規模に化学兵器を使って反政府勢力支配地域の市民を虐殺したのはこれで三度目です。二〇一三年、一七年、そして一八年の攻撃。ロシアはそのたびに後始末に追われてきたのですから、アサド政権に対して、相当に苛立《いらだ》っているはずです。

二〇一三年の段階でアサド政権軍の力を削《そ》ぐべきだった

これは、結果論でしかありませんが、二〇一三年八月の時点で、シリアの空軍力だけでも限定的に叩《たた》いておけば、その後の悲劇はある程度、避けられたかもしれません。

シリアから途方もない数の難民が出た最大の原因は、シリア空軍が「樽爆弾」を無差別に国民の頭上に落とし続けたからです。ドラム缶のように巨大な「樽爆弾」は軍のヘリコプターでしか落とせない。反政府側は空軍力を持っていませんでしたから、この点について政権は言い逃れしようもありません。仮に二〇一三年の時点でシリアの空軍力に大きなダメージを与えていれば「樽爆弾」による犠牲と、その恐怖が生み出した膨大な数の難民を少しでも減らせた可能性はありました。突然ミサイルをシリアに撃ち込んだトランプ大統領を支持はしませんが、あの時、オバマ政権が日和見的な政策をとったことにも重大な責任があります。

アメリカは軍事力を行使すべきときには使わないで、使わなくていいときに使う傾向があります。実際にあの地域の置かれている状況、リアル・ポリティクスを知っていれば、本当に犠牲を増やしているときに抑止をするべきでした。

もちろん、軍事力の行使は何の解決にもなりません。しかしながらそう言っている間に犠牲者と難民がどんどん増えていくことに対して、では、どう答えるのだと言ったときに、有効な答えを見出《みいだ》せないのです。

少なくとも、軍事力を行使するのなら、それは残忍な独裁者の側に対して行うべきです。軍事基地に対する空爆であれば、住民にはほとんど犠牲が出ないわけですから。逆に、アサド政権側は「そこにテロリストが紛れ込んでいるかもしれない」という理由だけで、住民の頭上に爆弾を落とし続けてきました。

アメリカはそれを止めようとはしなかった。それどころか、アフガニスタンやイラクでは同じように「テロリストが紛れ込んでいる」という理由で空爆や無人機による攻撃を繰り返し「コラテラルダメージ（副次的な犠牲）」の名のもとに多くの民間人の命を奪い続けてきました。

日本では、たいていの人はオバマが良心の人でトランプ大統領が多様性を認めない悪い奴だと思っているかもしれません。ですが、中東・イスラーム世界を見ている限り、オバマ政権は口で理想を説き、介入すべきだったシリアの現実の紛争を解決できず、アフガニスタンやイラクではズルズルと軍事介入を続けて裏切り続けた暗愚の大統領に過ぎません。

シリアで化学兵器が使われた直後の二〇一七年四月一四日、トランプ政権のアメリカはパキスタンとの国境に近いアフガニスタン東部ナンガルハルでの爆撃に、通称「すべての爆弾の母」と呼ばれる重さ九・八トンの巨大爆弾、MOAB（大規模爆風爆弾）を使用しました。「ISへの攻撃」ということですが、これに対してカルザイ前大統領は「アフガニスタンをアメリカの巨大爆弾の展示場に使うな」と批判しました。

タリバンとの終わりなき戦いを続けるアフガニスタンのガニ政権が、この先、タリバンへの攻撃にMOABのような巨大爆弾の使用を容認すれば、それは確実にシリアでおきた「樽爆弾」の悲劇の繰り返しになるでしょう。それが何の解決にもつながらないことを、今や無残な廃墟《はいきょ》と化したシリアの街並や、国境を越えて溢れ出した難民たちが物語っているのです。

展望の見えないシリア内戦後の処理

いずれにせよ、シリア内戦を何らかの形で止めない限り、難民の流出も止まりません。国連が機能不全をおこし、問題解決能力を失いつつある中で、どうやってこの「殺し合い」を止めることができるのでしょうか？

シリアでは今、アサド政権を支持するロシアとイラン、そこにトルコが加わる形で内戦終結に向けた和平交渉が行われていますが、その先行きも極めて不透明です。

アサド政権を支え、積極的な軍事支援を行ってきたロシアの立場は明確です。彼らにとって重要なのは、シリアの西部地域、主要都市が並んでいるアレッポからダマスカスまでをアサド政権の支配領域にして、シリアにあるロシア軍の基地を温存することに尽きる。ロシアがこれだけ強い国際世論の批判を受けても、アサド大統領を支え続けるのは、彼らにとって軍事的に重要な意味を持つ基地の権益を、これまで貧弱であったロシアの中東でのプレゼンスを、アサド政権の存続によって確かなものにすることであって、それ以上でも以下でもないのです。

このロシア、トルコ、イランが主導するシリア和平プロセスの中には、アメリカの軍事支援を受けてＩＳとの戦いで大きな存在感を示し、今やシリア北部を実質的に支配下に置いている、シリア国内のクルド人勢力が含まれていません。彼らを入れてしまうと、背後からアメリカがシリアの将来に絡んでくることになるので、ロシア、イラン、トルコの三国とも認めようとしないのです。

それではこの状態でシリアを三分割して、アサド政権、反政府勢力、クルドという三つの政府を作るのかといえば、これも相当困難です。ロシアの支援を得て戦況が有利になるにつれ、アサド政権は領土の一体性について譲歩するつもりはないと強気の姿勢を示しています。

「シリアの再分割」は問題の解決にはならない

和平交渉を仲介する「当事者」であるはずのトルコが、その会議と並行してシリアのクルド武装勢力に対して「新たな戦争」を始め、その軍事行動をロシアも黙認しました。クルドを枠外に置いた和平交渉がどれだけ実質的な意味を持つかと言えば、非常に疑わしいと言わざるを得ません。二〇一八年二月に入ると、クルド勢力はアサド政権側と交渉を始め、トルコを「侵略者」として共闘しようとしています。トルコと戦うためならアサドとでも手を組もうというのですが、これは確実に裏切られます。反政府勢力に勝ってしまえば、クルド勢力に用はないからです。

いずれにせよ、内戦を止めるためにその領域を分割したところで、問題が解決するとは思えません。国境線を一本増やせば、その線をめぐって確実に新たな問題を引き起こすだけです。

過去の事例でいえば、旧ユーゴスラビアがまさにそうでした。さまざまな民族の間に確執があったユーゴスラビアを解体し、分割して独立を認めたことが、結果的に深刻な民族紛争を引き起こしたことを思い出すべきです。

自壊を始めた「メッカの守護者」サウジアラビア

崩壊を始めた「偽りの国民国家や偽りのイスラーム国家」が、聖地メッカの守護者として、中東のアラブ世界に大きな影響力を持ち続けてきたサウジアラビアです。「どうして？」と思われるかもしれません。最近のサウジアラビアは欧米諸国の歓心を買う一連の「改革」に乗り出しています。日本では、こちらのほうがずっと大きく報道されています。女性に車の運転を認めたとか、サッカー観戦を認めたとか、映画館を開いたとか……。サウジアラビアも欧米寄りに変われるじゃないか。やっと我々（欧米）と話ができるようになってきたじゃないか、というわけです。

その一方で、サウジアラビアは二〇一七年、彼らが「テロリストだ」と主張する、ムスリム同胞団やパレスチナのハマスと融和的であるとして、カタールを激しく非難し、ついに国交を断絶し、アラブ首長国連邦（ＵＡＥ）などと共に経済封鎖という暴挙に出ます。それだけでなく、国際報道専門の放送局である「アルジャジーラ」の閉鎖を求めるなど、かなり乱暴な要求を突き付けています。

たしかにカタールにはタリバンも事務所を置いているし、ムスリム同胞団も受け入れている。ハマスなど、ガザの組織に対しても支援しています。しかし、そうしたカタールの姿勢は一般のスンナ派ムスリムの立場からすると、武装闘争に加担はしないが抑圧され、生存権を奪われてきた人びとの声も無視しない「フェアな行動」というだけです。もちろん、ムスリム同胞団のような草の根型のイスラーム主義組織はサウジアラビアにとって危険な存在です。同胞団の支持者から見れば、突然、欧米に擦り寄りだしただけでなく、アメリカ軍の傘の下にもあるような国は、イスラームの敵も同然だからです。だからこそ、ムスリム同胞団をテロ組織としてつぶそうとしています。

一方で、カタールを「テロ支援国家」だと非難しながら、アメリカを中心としたシステムの中に自分たちを位置づけようとしているのは矛盾です。アメリカ軍に守ってもらうことで石油から得られる富を独占してきたサウジアラビアの態度は、イスラーム世界の人びとには受け入れられない。隣国イエメンの内戦に介入し、イランが支援する「フーシー派」の掃討を図るために激しい空爆をくり返しています。内戦でイエメンもまた秩序が崩壊し、最悪の人道危機に陥っていますが、その責任のかなりはサウジアラビアにあるのです。武器や兵器はアメリカから買ったものです。

欧米が歓迎してくれそうな「改革」をしてみせる一方で、イエメン市民を空爆で殺害し、草の根型のイスラーム主義を毛嫌いする。このような一連の動きは「サウジアラビアが自分で自分の脚を撃った」ようなものです。

もちろん、こうした現政権の態度に対して、国内外から批判の声が上がるのは時間の問題です。サウジアラビアの政権はそれを力でねじ伏せようとするでしょう。しかし、その繰り返しが国内の緊張をさらに高めれば、サウド王家による支配を崩壊に導くことにもなりかねません。

仮にサウジアラビアが崩壊してしまったら、サウジアラビア国内のムスリムがＩＳ化することもあり得ます。もともとサウジアラビアは、原点回帰的なワッハーブ派、つまりＩＳと思想的には同じサラフィーの影響が強い土地です。親欧米的な統治者がいる以外は、ＩＳと同じサラフィー主義の土壌があるのです。ただ、サウジアラビアでは、政府に対する抵抗は決して許さなかっただけです。産油国の富を王族が独占してきたので、金にものを言わせて獲得したその軍事力は世界でも有数のレベルです。そして、サウジアラビアのスタンスを共有しているのがＵＡＥです。この国も金にものを言わせて他国に干渉しているので、サウジアラビアと共倒れのリスクがあります。

拡散したサウジアラビア留学生がジハード主義者に？

サウジアラビアは今まで留学生を世界中のイスラーム圏から大量に受け入れてきました。

例えば東南アジアからも、マレーシアやインドネシアにはサウジアラビアへの留学生がたくさんいます。留学生たちはサウジアラビアにいる限り、サラフィー主義のイスラームを学んでも、ジハード主義者として武力闘争に乗り出すことは厳禁されていました。しかし、彼らが留学を終えて、国へ帰ったらどうなるでしょう？　サウジアラビア政府の重しが取れて、結果的にサラフィー主義者であり、かつジハード主義者になってしまう可能性は大いにあります。

実際、フィリピンのミンダナオ島のマラウィでは、二〇一七年に激しい戦闘がありました。政府軍の攻撃で鎮圧されたようですが、そのフィリピンでも、ＩＳに共鳴する戦闘員たちの間にはかつてのサウジアラビア留学生がいるとされています。

東南アジアのイスラームというと、かつては、中東のイスラームとは違って穏健だと言われたものでした。しかし、本来、イスラームは、地域によって穏健になったり過激になったりするものではありません。ＩＳがひどく凶悪で暴力的だったのは事実ですが、イスラームの原点に帰ろうとする動きや、敵は容赦なく殲滅すべきだと考えること自体は、どこでもおきうることなのです。

そして、マレーシア、インドネシア、フィリピンなどの東南アジア諸国にも、今、聖典『クルアーン』と『ハディース』だけでいいんだ、原点に回帰しよう、ムスリムを苦しめる敵とは手段を問わずに戦うべきだ、と考える人たちは確実に増えています。インドネシアでは、カリフ制の再興を望む人たちも増えています。ISのような組織を持たなくても、個人としてISに共鳴する人はいくらでもいるということです。

問題なのは、イスラームを勝手に解釈したり、西欧近代がつくりだしたはずの領域国民国家に何の疑問ももたずに統治をする為政者の側です。「イスラーム的にそれでいいのか?」「イスラームでそんなことが許されるのか?」こういう声が民衆からあがると即座に弾圧してしまう「国」というものに暴力的な異議申し立てをするのは、中東のムスリムであれ、東南アジアのムスリムであれ、同じなのです。

越境するISと繰り返される悲劇

結局、統治者が独裁者であるかないかの問題ではなくて、人工的に作られた「領域国民国家」の枠組みそのものが、ムスリムにとって破綻しているということに尽きます。ムスリムが多数を占める国ではイスラーム国家になるべきなのに、西欧に起源を持つ国民国家の枠にはめられてしまっていることへの反発が強くなっているのです。ムスリムが多数を占める国では、領域国民国家システムはいずれ立ち行かなくなるでしょう。そして、その破綻はさらなる混乱を引き起こします。

アフガニスタンが典型的な例ですが、そうやって破綻した国を経済的に支援すれば、それで秩序が回復するのかといえば、決してそうではないことも明らかです。実際、アメリカはアフガニスタンに莫大《ばくだい》な金額を投入したわけですが、それはいわばアメリカの意向を受けた政権中枢の懐に消えただけで、結果的に秩序もフェアな社会も実現しませんでした。

すでにロシアがタリバンに武器を供給しているといわれていますが、タリバンはあくまでも地域密着型の組織ですから、グローバルなサラフィー主義とジハード主義を唱えるＩＳとは合わず、両者は衝突を繰り返しています。皮肉なことに今やロシアは、そのタリバンを利用してＩＳが越境してくることを防ごうとしているのです。

しかし、ロシアがＩＳの越境をアフガニスタンで阻止するためにタリバンを支援しつづければ、タリバンと敵対するアメリカの傀儡《かいらい》政権との激しい衝突は避けられません。すでに、タリバンはアフガニスタンの国土の六割程度を支配しているとも言われていますから、駐留するアメリカ軍やアフガニスタン政府軍との戦闘が激しくなっています。

アフガニスタンの北側、中央アジアも同様です。新疆《しんきょう》ウイグル自治区の西隣はキルギスで、その西南部にはオシュやジャララバードがあります。この西はウズベキスタン、南はタジキス

図4　中央アジア地図

タン、さらに南はアフガニスタンです。キルギス、ウズベキスタン、タジキスタンが接するあたりは、フェルガナ盆地といって昔からシルクロードが交易ルートだった地域。そこをイスラーム組織が往来している。さらに中央アジアのどの国でも弾圧されてきたイスラーム組織の吹き溜《だ》まりのような状況を呈しています。

　二〇一七年四月、ロシアのサンクトペテルブルクでおきた地下鉄テロの容疑者はキルギスのオシュ出身。キルギスへの旅行後にテロを決行しました。ＩＳの越境を阻止しようにも、この地域で厳格な国境管理など現実的に不可能なのです。

そうなれば、ほぼ確実に、将来、中央アジアから新疆ウイグル自治区にかけて、スンナ派ムスリムのいる地域の中で、アンフェアな状況に対する異議の申し立てが暴力的な形で出てくることになる。中国は新疆ウイグル自治区でウイグル人の民族運動を激しく弾圧してきましたが、民族主義の勢力が弱まるにつれてイスラーム主義が力を持つようになります。そしていずれ中国とイスラーム勢力の衝突は避けられないことになるでしょう。このあたりの地域、地形を見ればわかりますが、山岳地帯に国境が通っていて、現実に国境管理ができるようなところではありません。国境で仕切るという「領域国民国家」にもっともそぐわない地域の一つと言ってよいでしょう。

エルサレム首都認定問題

「偽りの国民国家の崩壊」とは逆に、中東の地で国民国家の形成をますます強固に推し進めているのがイスラエルです。

イスラエルの建国は第一次世界大戦末期の一九一七年、イギリスがパレスチナにユダヤ人の国家を建設することを認めたバルフォア宣言に端を発します。その一方でイギリスはフセイン

＝マクマホン往復書簡ではアラブ人の独立を約束し、サイクス＝ピコ協定ではフランス、ロシアとの間で、中東の分割を密約していた。このことが、現在の中東の混迷の直接的な原因であることは言うまでもありません。これがイギリスの三枚舌外交です。

バルフォア宣言から一〇〇年後の二〇一七年一一月にイギリスのメイ首相はイスラエルのネタニヤフ首相と祝賀会談を持ちましたが、現在の紛争の原因ともなった宣言を祝うこの会談をパレスチナは当然批判し、パレスチナ国家の承認と謝罪をイギリス政府に求めました。メイ首相は二国家共存を支持するとした上で「イスラエルの違法なユダヤ人入植地が和平の障害になっている」とも述べバランスをとろうとしましたが、イギリスの三枚舌外交の姿勢はまったく変わっていません。

一九九三年には、イスラエル軍が第三次中東戦争で占領したガザ、ヨルダン川西岸両地区から撤退してパレスチナ側が暫定自治を行うことや、境界線や最終地位をめぐる交渉を進めることを定めたオスロ合意が、イスラエルのラビン首相とPLO（パレスチナ解放機構）のアラファト議長との間でなされました。しかし、ラビン首相は和平反対派の青年に暗殺され、アラファト議長は湾岸戦争（一九九一年）の際にイラクのサッダーム・フセイン大統領を不用意に支持したためにサウジアラビアやクウェートなど産油国からの支援を失いました。そもそもオスロ合意自体、支援を絶たれたPLOとしては合意を飲まざるを得ない状況にあったからこそ成立したという面があります。イスラエルはその後も国連も認めていない違法な入植を進め、ガザを包囲して孤立させ、オスロ合意でのパレスチナ国家の樹立ははるかに遠のいてしまいました。

二〇一七年の一二月にはトランプ大統領がエルサレムをイスラエルの首都と認め、アメリカ大使館をエルサレムに移転すると発表しました。イスラエルは、エルサレムを首都だと主張してきましたが、国際社会はそれを認めませんでした。なぜ認めなかったか？　簡単に言えば、イスラエルという国が国連による一九四七年のパレスチナ分割決議をもとに翌四八年に誕生したときに、エルサレムを支配することまで認められていないことと、イスラエルがその後、一九六七年の第三次中東戦争で勝利し、パレスチナの占領地を拡大していったことに対して国際社会は容認できないという姿勢をとってきたからです。長い歴史のなかで紛争の焦点であり続けた問題にトランプ大統領が突然手を突っ込んだのは、あまりの暴挙と言わざるを得ません。

エルサレムは、たかだか第二次大戦後にできたイスラエルの首都かどうかより、ずっと長く、キリスト教の聖地をどの教会が管理するかをめぐってこじれ続けてきた都市です。エルサレムには、キリスト教にとっても大変重要な聖墳墓教会があります。ここはイエスが十字架につけられたゴルゴタの丘にあたる場所に建てられたとされています。

エルサレムはキリスト教徒、ユダヤ教徒、ムスリムが暮らしてきた都市です。オスマン帝国領の時代まで三者は共存してきました。キリスト教徒とユダヤ教徒は税金を払い、オスマン帝国は彼らを保護する責任を負ってきました。少なくとも殺し合ってきたわけではありませんでした。

長年の秩序を最初に破壊したのはイギリス。次に一九六七年の戦争でイスラエル、そして、今回、アメリカということになります。

この問題で、国連安全保障理事会は一二月一八日、首都認定の撤回を求める決議案を採決しました。一五理事国のうち議長国の日本を含む一四ヵ国はこの撤回決議に賛成でしたが、アメリカの拒否権行使で否決されました。シリア内戦同様、紛争の芽を常任理事国の拒否権が原因で摘み取ることができないという国連の限界がこの問題でも示されています。まがりなりにも、第二次大戦後に作られた秩序の一つが、ここでも完膚なきまでに破壊されたのです。

パレスチナや難民を見捨てたアラブ諸国

この問題に対する中東諸国の反応を見ておきましょう。ほとんどの国の指導者は、口先では懸念を表明するものの結局抵抗しませんでした。特にサウジアラビア王家の狼狽《ろうばい》は滑稽ですらありました。

一九七〇年代以来、サウジアラビアをはじめとしたアラブ諸国はパレスチナ人の望みを裏切り続けてきた歴史があります。アラブ諸国が連帯してイスラエルと戦ったのは一九七三年の第四次中東戦争でほぼ最後。それから四四年の間に、七八年にエジプトはイスラエルと単独和平を結び、八一年にエジプトのサダト大統領がイスラーム主義者に暗殺され、九三年のオスロ合意で、一度は二国家共存が開かれたものの、イスラエル側の当事者であったラビン首相は九五年に暗殺、PLOのアラファト議長は劣勢に立たされ、エジプトの次のムバラク大統領はイスラエルとの友好関係を継続しながらアメリカから莫大な軍事支援を受けるようになりました。

さらに、イラン・イラク戦争（一九八〇－一九八八年）がおきたときは、シーア派国家となったイランと戦わせる名目で、欧米諸国はイラクのサッダーム・フセイン政権に軍事支援をしながらも結局イランを潰すことはできませんでした。そしてフセインはその軍事力を使って一九九〇年、隣国クウェートを侵略したのです。すると今度は欧米がイラクを潰しにかかりました。

この時、恐怖におののいたサウジアラビアやクウェート、UAEその他湾岸アラブ産油国は一斉にアメリカにしがみついたのです、サウジアラビア、UAE、クウェート、バハレーン、ヨルダン、カタール、エジプトなどみなアメリカの軍事援助を受け、国内にアメリカ軍の基地も置いています。サウジアラビアでは最後にアラブ諸国がパレスチナを支援してイスラエルと戦った七三年の第四次中東戦争の後、アメリカがキング・ハリド軍事都市を建設しました。

これだけアメリカの軍事支援を受けてきたアラブ諸国が今になってパレスチナを助けるはずもありません。

パレスチナのソーシャルメディアに出回った絵「トランプのハーレム」はこの現状を実によく風刺したものです。トランプの後ろに、左からドバイの首長、サウジアラビアの国王、UAEの外相、エジプト大統領。今回のアメリカのエルサレム首都承認と大使館移転は、みんなグルだということを皮肉ったものです。

欧米諸国を後ろ盾とし国家の利益を優先してきた「偽りの国民国家」たるアラブ諸国の首脳が、口先だけでアメリカのエルサレムのイスラエル首都承認反対を表明してもパレスチナの人びとからは冷ややかに見られるだけですし、膨大な難民の姿は彼らの視界には入っていないのです。アラブの団結などおきようがありません。パレスチナ人の怒りは、トランプ大統領とイスラエルだけではなくて、アリバイ程度にアメリカを批判してみせたほとんどのアラブ諸国にも向かっているのです。

中東で国家として明確にイスラエル非難をしているのはトルコだけですが、それはこの国が建国以来定めてきた「トルコ民族の国民国家」からイスラームを軸にした国へと変貌を遂げつつあるからです。欧米諸国や日本の中東専門家、ジャーナリストの中には、いまだに「民族」をキーワードにして中東を見ようとする傾向があります。そこには、イスラームという宗教が前面に出て、領域国民国家体制を破壊することを退行的ととらえる近代西欧的な歴史観、世界観が反映しています。しかしそれでは、領域国民国家によって自由や生存権を奪われてきた人びとの声を汲《く》み上げることはできません。

第四章　限界を超えるためのパラダイムを求めて

溶けてゆく国境線、難民というグローバリゼーション

国際社会はシリア難民をはじめとしてパレスチナ難民やアフガニスタン難民など、多くの難民問題を抱えており、これまで見てきた通り解決は容易ではありません。

また、二〇一〇年代に入ってから北アフリカのリビアからも地中海を越えて多くの難民がヨーロッパに押し寄せ、難民船の沈没事故などによる悲劇が幾度となく繰り返されています。そうした人たちの中には、混乱の続くリビアだけでなく、ソマリアやマリ、南スーダンなどのアフリカ諸国からリビアを経由してヨーロッパをめざす人も少なくありません。

改めて世界地図を眺めれば、不自然なほど真っすぐな国境線で区切られた国々が存在するのは、中東に限ったことではありません。

それはすなわち、アフリカやそれ以外の地域にも「ヨーロッパ列強が引いた国境」を一つの単位として作られた「領域国民国家」が数多く存在することを示しています。そして、それらの地域でも「偽りの国民国家」の限界や破綻が、民族紛争や内戦、あるいは経済の破綻という形で多くの難民を生み出し、彼らが国境を越えて大移動を始めているのです。

つまり、これまで中東で見てきたのと同じ構造の問題が、今や世界のより広い範囲でおきて

いるわけで「領域国民国家の限界」とそれに伴う難民の大量流出というのは、もはやグローバルな問題だということになります。

もちろん、そうして大移動を始めた人たちを「難民」という言葉で一括りにしても良いのかという議論は当然あります。「難民」に関しては一九五一年に採択された「難民の地位に関する条約（難民条約）」に基づく定義があり「人種や民族、宗教、政治信条などによって自国の保護が得られない、あるいは自国に保護を求めることに恐怖があるがゆえに国境を越えて外に出ざるを得ない人たち」というのが難民だということになっています。

また、それ以外に、国外ではなく、国内で逃げ惑っている人たちは国内避難民と呼びますが、UNHCRは緒方貞子さんが国連難民高等弁務官だったときにおきた湾岸戦争で逃げ場を失ったクルド人たちを難民と同じく救援の対象としました。

現在、陸路で、あるいは海を越えてヨーロッパに押し寄せる人たち全員が、こうした「難民」の定義に当てはまるわけではありません。彼らの中には、シリアやリビアのような破綻国家ではない地域から来た人たちもいるからです。

例えばアフガニスタンやイラク。一応、現在も政府は機能していますから、国家としては「崩壊」はしていません。では、アフガニスタンやイラクから国境を越えて逃げてきた人たちは、厳密な定義で言えば難民ではないから保護の対象にはしなくてもよいのか？　エリトリア、ソマリア、マリ、ナイジェリア……いずれも政府はありますし、全土で内戦があるわけでもない。しかし少なからぬ人びとの自由は奪われ、経済的に上昇のチャンスもほとんどない。彼らの「人権」や「命」は守られなくてもよいのだと、言い切れるのでしょうか。これらの国では特定の民族や宗教、宗派に対する迫害がある。しかし皆がそれで切迫しているかは不明です。では、受け入れ国の政治や社会情勢に委ねるだけでよいかと言えば、そうとも言い切れない。

「峻別《しゅんべつ》」することは、何の解決にもならない

もちろん、新たな「難民」の定義を作って「この人たちは難民」「この人たちは経済移民」「この人たちは不法移民」……と峻別して扱うことはある程度まで可能かもしれません。

しかし、前にも述べた通り、問題の本質はそこではない。なぜなら、そうやって、押し寄せる人たちを「峻別」する新たな基準を設けたところで、それが「大量の人びとが故郷を離れ、国境を越えて大移動を始めている」という根本的な流れを止められるわけではないからです。

例えばドイツは今、アフガニスタンから来た人たちすべてを難民認定することはできないとして、その一部を母国に強制送還しはじめています。

しかし、シーア派のハザラの人たちについてはスンナ派のタリバンによる迫害を認定され、難民として認めているケースも多いようです。ハザラの人たちは、シーア派が多いのですから、隣国のイランに逃れることができれば少なくともスンナ派からの迫害にさらされることはありません。イランから出てトルコまで来て、さらにトルコからドイツに渡ったハザラの人たちは、むしろ経済移民だと言えなくもない。二〇一七年から二〇一八年、多くのアフガニスタン人が陸路でトルコにやってきました。さすがにトルコも彼らを不法な移民としていますが、それでも収容施設を作って食事や宿を与えています。

2016年、トルコの沿岸に打ち上げられたシリア難民アイラン・クルディちゃんの遺体を報じるトルコ紙

いずれにせよ、そうやって「不法な経済移民」に分類された人たちを、国境の内側から完全に排除するとなれば、これはもう、アメリカのトランプ大統領が言っているように「壁」を作る以外に方法がなくなります。これに対して、アフガニスタンの政府は何と言っ

ているでしょう？　うちは何も迫害などしていないから、彼らは「難民」ではないと言います。国境を越えた人たちは、こうして領域国民国家の硬い壁に阻まれて行き場を失っていくのです。なんと、シリアのアサド政権まで同じことを言っています。難民を救援する国々に対して、うちは彼らを迫害していない、国家が国民に危害を加えるはずがないではないか、「難民」を支援するくらいなら、テロリストと戦うシリア政府を支援すべきだ。徹頭徹尾、嘘をつき通すことこそ主権国家存続の道だと確信しているアサド政権の言い分に従って、日本政府が、政府開発援助（ＯＤＡ）をアサド政権に出すことがないよう願うしかありません。

実際に、二〇一五年に難民が殺到したハンガリーでは国境に延々とフェンスを張り巡らせるという、まるで万里の長城の建設のようなことが行われたのです。

第一章で触れた「ヨーロッパにおけるポピュリズムの台頭」の大きな要因になっているのも、こうした「押し寄せる難民を食い止めるために、国境を閉じようとする」という動きであり、反グローバリズムの動きであることは確かです。このグローバリズムは巨大資本が国境を越えて市場を席巻することではありません。名もなき人びとが、領域国民国家という枠組みを超えて動くことを当然とする、という意味です。

単一の理由だけではなくて、さまざまな政治的な問題から、あるいは経済的な問題によって途方もない数の人たちが国境を越えて移動しながら、ヨーロッパなどの先進国に流れ込んでいるという現実は否定しようがありません。純粋に経済的な意味での「グローバル化」とは異なり、世界各地でおきているこうした「人の移動」というグローバルな現象は、国家や巨大資本がそれを意図した結果としておきていることではありません。

そういった人たちは、「ああ、もっと金持ちになりたい。ここにいても何にも未来がない」という不満や不安から「このままでは殺される」という切羽詰まった恐怖心に至るまで、いろいろな動機に突き動かされて「これ以上、自分の故郷に留まるわけにはいかない」という人間の根源的な意志に突き動かされているのです。

それを「難民」と呼ぶのか「移民」と呼ぶのかは、結局、受け入れる側の問題でしかありません。彼らは家を捨て、故郷を捨て、「領域国民国家」の基本的な枠組みである国境を無視して大移動しているのです。

それを押しとどめるためには、何が必要なのかと言われたときに、実は今の国家というものは答えを出すことができない。私は国境の内に人間を閉じ込める発想そのものが限界に達したと見ています。

意図せざる「グローバル化」が西欧に突き付けるもの

「人道」という観点に基づいて「助けるべき人」と「助けるべきではない人」に峻別することなど、もはや現実として不可能でしょう。それを無理やりにでもやろうとすれば、最後は強制的な排除しかない。しかし、それは西欧の先進国が共通の普遍的な価値だとしてきた「人道上の観点」や「人権の尊重」そして「個人が自由を希求する権利」と深刻な矛盾をきたします。

ＥＵやＴＰＰを始めとした多国間の自由貿易協定が象徴するように、ここ数十年、欧米の先進国は主に経済の論理から国境を超えた投資や、お金やモノの移動の自由を推進してきました。しかし、そうした経済のグローバル化は不可避的に、領域国民国家を支える国境の意味を弱めることになります。その欧米が、今世紀に入って加速度的に広がった「人びとが足で国境を越えて大量に移動していく」という現象にたじろぎ、慌てて、国境を閉じようとしているというのはなんとも皮肉な話です。

そこでもう一つ、忘れてはいけないのが、こうした人の移動を生み出した原因の多くに関して、欧米諸国には歴史的な責任があるということです。つまり、今、彼らが直面している「難民問題」というのは欧米諸国にとって「空から降って湧いた災難」ではなく、むしろ「自ら蒔《ま》いた種」の結果である部分が多いということです。

欧米がそうした「自らの責任」に対して正面から向き合わない限り、今後も新たな問題の種が蒔かれ続けることになる。ところが、歴史の勝者として、常に上から目線で世界を眺めてきた欧米社会にとって、自分たちの過去がもたらした問題の責任と正面から向き合うことや、自分たちと異なるパラダイムに生きる人たちを対等な立場で扱うというのは、簡単なことではないようです。

そこで、彼らが自らの立場を正当化するために飛びついたのが一九九三年にアメリカの政治学者、サミュエル・ハンチントンが発表した論文「文明の衝突」でした。その中でハンチントンは冷戦後の世界において「文明と文明の衝突」が主要な対立軸になると主張し、特にイスラーム文明を西欧文明と緊張関係にある「潜在的な敵」として規定したのです。

「文明の衝突」というシナリオ

二〇一七年の五月、同志社大学にトルコの前首相アフメト・ダウトオウル氏を招聘《しょうへい》して、シンポジウムを開催したのですが、その際に彼はこう指摘しました。「第一次世界大戦の後の世界はまがりなりにも国際連盟という秩序の枠組みを作った。第二次世界大戦後にも国際連合という世界秩序を作った。しかし、冷戦の崩壊後、世界はそれに代わる何の秩序も作らなかったのだ」

私もその通りだと思います。結局、冷戦崩壊の後に来たものは、新たな秩序への模索ではなく、そのほとんどが一つ前の体制に対する「リベンジ」つまり復讐でしかありませんでした。米ロによる東西冷戦が終わった後に、何がおきたのか？　まず、旧ユーゴスラビアの中で抑えつけられていた民族主義が噴出して、ユーゴのあちこちで紛争がおこります。また、アフリカ諸国でも、特に旧ソ連が抑えていた国々で、次々と大変な民族紛争がおきてくる。

そうした「民族」をめぐる衝突の次におきたのが「宗教をめぐる衝突」でした。冷戦が崩壊すると西欧の政治家たちは口々に、彼らにとって9・11がまさにハンチントンの主張が正しかったことを裏付けたと、「二一世紀の西欧の敵はイスラーム」つまり、共産主義に代わってイスラームが敵になったと言い始めます。

しかも、西欧の側は表向き「アラブ世界の民主化」という、あたかも宗教を超えた新たな秩序を模索するかのように見せながら、実際には西欧文明とイスラーム文明による深刻な衝突を引き起こしてしまいました。

そう、今思えば「結果的」にハンチントンの言ったことは当たっていたのです。ただし、ここで誤解しないでほしいのは「役者がそろったのでそうなった」というだけであって、彼の唱えた「文明の衝突」という考え方が理論的に正しかったわけではないということです。

サミュエル・ハンチントンの「文明の衝突」は理論ではなく「シナリオ」でした。彼の理論が正しかったから「文明の衝突」がおきたのではなく、彼の書いた「シナリオ」にそって、イスラーム文明は「西欧に敵対する可能性のある文明」とみなされ、その視点に基づいて「文明の衝突」は意図的に引き起こされたのです。

理論ではなく「シナリオ」である以上「西欧文明とイスラーム文明の衝突」という大スペクタクルは、それを支えるスポンサーと、実際に演じるアクターがいれば実現してしまう。そのスポンサーとアクターの役をアメリカが担った。そしてオサマ・ビン・ラディンもそのアクターの一人だったというわけです。

ハンチントンが「文明の衝突」を発表したのは一九九三年ですが、その後、このシナリオは猛烈な勢いで「敵」を作り出してゆきます。

西欧諸国の軍事産業は「新たな敵」を求めていました。歴史を振り返ると、西欧諸国は間断なく敵を作っては、戦争をおこしてきました。第二次世界大戦後も東西冷戦という敵対関係が、微妙なバランス上で成り立つ世界秩序の「軸」となってきました。

とはいえ、共産主義ももともとは西欧から出てきたものですから、東西冷戦も「西欧的な枠組みの中での争い」であり、そこには「イデオロギー」の違いはあったにせよ、基本的に「文明同士の対立」という構図ではなかったのです。

しかし、「冷戦」が終わると、今度は自分たちの文明の外に向けてイスラームという新たな「敵」を作り出してしまった。ハンチントンの論文は、他文明との「対立関係」に、本質的な差異があるからこそ必然だという理論らしきものを与えることで、西欧諸国が自らの責任と正面から向き合わずに済ます方法を与えたのです。イスラーム世界の国々は、ほとんどがヨーロッパ列強の半植民地か植民地になり、その後、なんとか独立しました。しかし、イギリスやフランスは、自分たちの国の真似をさせるか、都合よく言うことを聞いてくれる国を作り出したのです。

多くの国が第二次世界大戦後に独立しましたが、それから三〇年ぐらいの間、西欧諸国に抵抗するとしたら、それはいずれも西欧伝来の「民族」というものを掲げるか「イデオロギー」を掲げてのことでした。もっとも、社会主義は無神論と結びついていましたので、もともとイスラーム圏ではさほどの力を持つことができませんでした。ムスリムは、イスラームを捨てると人間をやめるような感覚をもっていますから、世界の半分を席巻したかのように見えた社会主義も、ムスリムの社会には根付きませんでした。

今のように、イスラームという宗教を掲げて抵抗する動きは、それまでも多くの地域で散発的におきていましたし、ムスリム社会の底流にはあり続けたのですが、独立から三〇年ぐらいの間は、まだ一つの大きなうねりとはなっていませんでした。しかし、いろいろな原因が重なって、「民族」で争う力が衰退し、代わって一九八〇年代あたりから「イスラーム」が、ぐっと前面に出てきます。

それから一〇年で社会主義体制の国が相次いで崩壊し、共産主義も社会主義も西欧の敵ではなくなりました。

そこに目を付けたのが、「文明の衝突」を喧伝《けんでん》することで利益を得る集団、すなわち、アメリカやヨーロッパ諸国と軍事産業であったということです。

「復讐のサイクル」からは破壊しか生まれない

そうした「文明の衝突」の一方で、単に「前の政権がやったことをひっくり返したい」というリベンジは、今も昔も権力というものがもつ普遍的な性格から、世界中で続いています。

オバマがやったことはすべて気に入らないので、その政策を全部ひっくり返さないと気が済まないアメリカのトランプ大統領はその典型でしょう。

フランスに誕生したマクロン政権もそうです。彼は今までフランスを牛耳ってきた右か左かという大政党を潰して「自分が新しい秩序を作るんだ」と言っていますが、それが明らかに失敗すると思うのは、そうしたやり方は間違いなく、否定された側の敵意による報復を招いてしまうからです。

イギリスはＢＲＥＸＩＴ（イギリスのＥＵ離脱を意味する言葉）だと言って国民投票でＥＵからの離脱を決め、「これまで築いてきたＥＵとの関係を全部清算するんだ」と宣言しました。しかし、その後のＥＵ離脱交渉を見ていれば、彼らに「ＥＵ離脱後のイギリス」に向けた明確なビジョンが存在したとは到底思えません。

日本の安倍政権も同様です。彼らは日本の「戦後レジーム」に対する敵意をむき出しにしながら「保守」を自認していますが、実際には曖昧模糊《あいまいもこ》とした空想の愛国主義みたいなものを志向しているだけで「保守」として具体的に何を守りたいのかまったく不明です。こうして見てみると、リベンジがあちこちで繰り返されているだけで、新たな秩序の構築には向かっていないことがわかります。

余談ながら、安倍政権の奇妙なところは、「保守」を名乗っていながら、何を「守る」のかが判然としない点です。政策を見ていると、日本の伝統的価値を重視するのだと言いますが、その伝統が「いつ」の時代に育まれたものなのかわかりません。明治なのでしょうか？　それとも敗戦以前の日本をひっくるめているのでしょうか？　江戸時代なのでしょうか？　あるいは古代なのでしょうか？　彼らの言う日本の伝統とは、実に曖昧なもので、誰が担ってきた、いつのものなのかがわからないのです。

ドイツのメルケル政権は、典型的な保守政権ですが、彼らは第二次大戦後の（西）ドイツが守ってきた価値を守ろうとしているから保守なのです。当たり前のことですが、それ以前はヒトラーとナチスの時代ですから、そんなものを守ることなどあり得ません。それ以前のワイマール共和国時代に作られた価値の一部は今も受け継がれていますが、なにもその時代に戻る必要はありません。ましてそれ以前の帝政時代の価値など今さら持ち出しても意味がありません。

安倍政権が復讐しようとしているのは、ごく単純なことでその前の民主党政権でしょう。彼らにできなかったことをやる、景気を浮揚させる、憲法を変える等々。民主党政権が社会主義体制だったわけでもないのに、彼らが無能な政権だったと繰り返しました。政権支持者たちは、冷戦時代さながら、敵を左翼だ、リベラルだとレッテルを貼って罵倒し続けています。しかし、左翼など現在では少数派に過ぎません。政権を批判する側もまた、政権側とその支持者を右翼だと非難しますが、安倍政権というのは、右翼＝ナショナリストでさえありません。外交にしても国防にしても、これほどアメリカの属国のようにふるまう政権のどこが右翼なのでしょう。場当たり的に、ナショナリズム的な話を持ち出しているのも、敵対する勢力を左翼と決めつけるための話法に過ぎません。

こうした傾向は、いわゆる「アラブの春」でも例外ではありません。西欧社会は当初、アラブ諸国でおこった民主化運動を「これで、戦後長い間続いてきた中東の独裁国家体制が打ち破られる」と、まるで冷戦が終わるときのような褒め方で支持していたはずです。

しかし、「アラブの春」はその後、既存の体制側からの報復を招いてしまい、結局、ほとんどの国で潰されてしまいました。今も何とか持ちこたえているのはチュニジアだけですが、経済的な苦境から政権は大きな危機に瀕しています。それ以外はリビアにせよ、エジプトにせよ「リベンジ」によって崩壊し、中でもシリアは最悪の例ですが、その後は破綻する国家が相次ぎ、戦争が繰り返されています。

まずは「殺し合い」をやめるべきだ

こうしてみると、ダウトオウル氏が言うように、冷戦が終わった後の世界には何一つ秩序ができてこなかったことがわかります。そこにあったのは、リベンジがまた新たなリベンジを生む不幸な「復讐の連鎖」でしかなかったのです。

その結果、「復讐の連鎖」によって生み出された被害者たちが、人間らしい暮らしを失い、やむにやまれぬ思いで、故郷を捨て、大量の「難民」あるいは「移民」として国境を越えて溢れ出している……。それが今、私たちが目にしている世界の姿だと言ってもいいでしょう。

世界がこうした負のサイクルから抜け出すためには、まず「文明の衝突」というハンチントンのシナリオから抜け出し「次の秩序に向けたビジョン」を作っていかなければなりません。

そのために必要な「知」というのは新たなイデオロギーではないでしょう。少なくとも、これまでのように一方が「上から目線」で相手を見下すのではなく、上下関係のないフェアな議論と深い思考がなければなりません。お互いをリスペクトしろと言っても無理に決まっています。何世紀にもわたって自分たちが上位にいると思いこんできた西欧世界が、突然イスラーム世界と対等な関係を築けるはずはないからです。まずは「お互いのパラダイムが違う」ということ、ここでは「共約不可能性」と言いますが、つまりお互い拠って立つところが違うので、これを受け入れることが不可欠です。その結果として「敵対的共存」が成立するところまでもっていかなければいけません。

その上で、お互いに好きか嫌いか、尊敬するか軽蔑するかまでは、それぞれの内面の問題なので強制することはできませんが、少なくとも、各々の理屈でお互いの人の命を奪うことだけは絶対にやめなければいけないのです。

もう一つ、我々が認識する必要があるのは、「文明」というものが常に「自らを正当化するための理論と力」を内包し、非常に大きな力を持っているということです。

近現代の西欧文明を例にとれば、「民主主義」や「世俗主義」というイデオロギーや「国民国家」という概念などを使って自らの文明を正当化することで、長い間、ほかの文明に対してアンフェアな状況を強いてきた。今、我々が直面している多くの問題は、そうして自らを正当化し、異なる文明を征服しようとしてきた西欧文明の傲慢な態度と、それに対するリベンジが生み出した負の連鎖にほかなりません。

重要なことなので、あえて繰り返しますが、そうした負の連鎖を止めるためには、お互いのパラダイムの違いを認め、相手を力で征服しようとすることをやめる以外に方法はありません。自らの文明を正当化し、それを根拠に相手を屈服させようとし続ける限り、何をやっても現状より悪化してしまうのは明らかでしょう。

2018年９月、シリア政府によるイドリブ攻撃について会談を行ったエルドアンとプーチン（写真提供：UNIPHOTO PRESS）

トルコとロシアの関係に見る敵対的共存

敵対的共存ということを考える一つの例として現状のトルコとロシアの関係が挙げられます。

二〇一五年一一月二四日、トルコ軍がロシア軍の戦闘機を領空侵犯で撃墜する事件がおきました。大量の難民を生み出す元凶であるアサド政権を支援するロシアをトルコは批判していましたし、ロシア側はトルコがＩＳをはじめとしたテロリストを擁護していると非難を繰り返しており、両国の関係は当然良好なものではありませんでした。撃墜の報が伝えられるや、両国が交戦するのではないかと世界に緊張が走りましたが、そうはなりませんでした。

当時私はインターネットからスピード、秒数などの情報を拾って計算をしてみたのですが、戦闘機がトルコ領空を侵犯するとしても多分数十秒しかないのです。その極めて短い時間を見計らってスクランブルをかけて撃墜したというのはどう考えても手回しが良すぎるので、あらかじめ撃墜を計画していたと見られても不思議はない状況でした。翌年の六月トルコ政府はこの事件についてロシア側に謝罪しています。

さらに翌二〇一六年一二月にはロシアの駐アンカラ大使がトルコのSPを装った警察官によって射殺される事件がおきました。この時もトルコとロシアの関係をめぐって緊張が走りましたが、トルコ政府は同年七月にクーデタ未遂をおこしたギュレン派の陰謀であるということにしてしまいました。

アメリカに事実上逃亡中のクーデタ未遂の主犯とされるギュレンの身柄を引き渡さないアメリカ政府とトルコ政府の関係は極めて悪化していたのです。アメリカは、IS掃討のためならテロ組織も利用するという暴挙に出ました。トルコのみならず国際的にもテロリスト組織と認定され、CIAのファクトブックでもそう明記されているクルドの武装組織YPGを支援していたのです。ちょうどISが侵攻した地域と重なるようにクルド人地域があることから、YPGはISと激しく戦いました。それをアメリカが支援したことが、トルコ政府をひどく苛立たせました。そこを見透かしたプーチン大統領は、重大な事件があったにもかかわらず、トルコに歩み寄ったのです。トルコもまた、半世紀以上もＮＡＴＯの同盟国だったアメリカから急速に距離をおくようになります。

つまり、今、プーチン大統領とエルドアン大統領が蜜月に見えるのは、共通の仮想敵アメリカがシリアに手を突っ込んできたことが原因です。しかし、過去の歴史を見ればわかりますが、ロシアとトルコが友好国であったり、同盟国であったりしたことはありません。オスマン帝国時代には何度も「露土戦争」がありましたし、ロシア革命後は共産主義のソ連が成立したので住民の大半をムスリムが占めるトルコと波長が合うはずもありません。いわば、「敵対的共存関係」でずっと付き合ってきたのです。シンパシーはありませんが、互いの実利に関することは話し合い、互いの内政には干渉しなかったと言ってもよいかと思います。

ロシアにとってトルコ産の農産物は重要な輸入品です。すでにロシアはクリミア問題でウクライナとも仲たがいしていますし、そのためＥＵも制裁を科しています。トルコは生鮮食料品の輸入先として重要なのです。一方、トルコは天然ガスの六割近くをロシアから輸入しています。つまり、経済的にはお互いに不可欠なパートナーです。撃墜事件や大使射殺事件で険悪な雰囲気になったときですらロシアはトルコへの天然ガスの供給といったライフラインは止めていません。当時はロシアからの観光客が激減したこともありましたが、二〇一七年に両国の関係が改善してからというもの、トルコは大変な勢いでロシアに向けて観光客の誘致を展開し、実際ヨーロッパや日本からの観光客が、トルコでも相次いだテロ事件のせいで激減したのに対し、ロシアからの観光客は再び増加に転じています。

たえず緊張関係にはありながら、同時に敵対するだけでもいけないという帝国的な知恵が両国の間にはある。つまり敵対的共存が成り立っているわけです。もしロシアとトルコが先の事件で軍事的に衝突していれば、それこそ第三次世界大戦へと進行していたかもしれません。つまり、違う価値観の帝国的な国家がせめぎ合っている場合は、敵対的共存以外に破局を避ける道はないということなのです。トルコは、そのために「冷戦期の秩序」だった西側諸国との同盟関係を壊すこともいとわなかったことになります。今の世界を見まわして、「アメリカは同盟国だ」といつまでも国家間の同盟関係にしがみついているのは日本ぐらいでしょう。実際、主権をもつ国民国家が「親友」のようになれると考えるのは、現在のように過去の秩序が世界的規模で崩壊しつつある時代には、何の意味もないことです。

もう一つの帝国・中国

中国は今のところアフリカや中東に対しても、ＰＫＯ（国連平和維持活動）には部隊を出していますが、軍事介入をしません。南沙諸島への進出や尖閣《せんかく》諸島に関しては動きがありますが、対外的に軍事力を行使することには意外に慎重なのです。中国は隣のロシアのやり方を見ていて、戦争に片足を突っ込むとひどいことになるとわかっています。チェチェンやウクライナそして長期化するシリアへの介入は、当然、ロシアの経済を疲弊させますし、エネルギー資源だけが支えと言っても良いでしょう。その中国は愚を犯さず、アフリカ諸国などに対する経済援助の拡大を見ればわかるように、まずは資金力にものを言わせて首根っこを押さえてから政治的な影響力を強めていこうとしています。やはりもう一段洗練された帝国を装っているわけです。

これまで見てきた通りロシア、中国やトルコも、最近、帝国への回帰があちこちで始まっています。

中国は帝国として実にしたたかなのです。一方、アメリカは帝国としてはまだ未熟です。トランプ大統領は、さながら未熟な帝国の皇帝の滑稽さをあらわにしています。プーチン大統領は田舎者だと言われたくないというのが、彼の一挙手一投足ににじみ出ているように思います。習近平国家主席は、「一帯一路」構想といい、やっていることはかなりスケールが大きいし、怖さを感じます。「一帯一路」とは、「シルクロード経済帯」（一帯）という中国西部、中央アジア、ヨーロッパを結ぶエリアと、「二一世紀海上シルクロード」（一路）という中国沿岸部、東南アジア、インド、アフリカ、中東、ヨーロッパという諸地域の連なりをあわせた新たな経済圏の確立を構想したものです。時という縦軸と地理的な横軸の明確な、はるかに洗練された帝国になろうとしているのです。

「中華帝国対オスマン帝国」

もっとも中国は現在、ウイグルやチベットに対して抑圧を続けていますが、今のところ、あくまで国内の民族問題としての扱いです。例えばラビア・カーディルの世界ウイグル会議もそうですが、中国政府は、新疆ウイグル自治区での「ウイグル民族主義者」の抵抗は許さない。国家に対する反逆とみなしているからです。民族主義的な団体を敵にするに留まるのであれば内政問題であってほかの帝国圏には関係のない話となります。ところが、相手がムスリムであり、イスラームを政治に体現しようとする勢力となると。中国にとっては未知数のリスクがあります。

例えばいまだ全容の解明はされていませんが、二〇一五年タイのバンコクでテロに関与した

2017年５月、北京で会談した習近平とエルドアン
（写真提供：UNIPHOTO PRESS）

のはイスラーム主義のウイグル人であったとされています。その前にタイ政府と話をつけて、亡命ウイグル人を全員中国の警察に送還したという出来事があり、その報復という報道もあります。つまり、ウイグルが民族としての固まりではなくて、次第にイスラームの拠点になってきているということがあるのです。実際、ウイグル人が今イスタンブールにたくさん来ています。私の研究室で博士号を取った中屋昌子氏が、そこでウイグル人のライフヒストリーを丹念にとったのですが、最初からサラフィー主義に傾倒した人物もいれば、最初は民族主義者で弾圧されて亡命していたのが、途中でサラフ

ィー主義者になっていく人物もいるそうです。中屋氏の研究によれば、トルコで安住の地を得たウイグルの人びとは、次第に「民族」という近代西欧の遺産から脱して、イスラームの信仰のうちに平安を得ていくのだそうです。これは大変興味深い指摘です。

トルコの側も実は、新疆ウイグル自治区を昔は東トルキスタン（東方のトルコ民族の国）と呼んで、民族的に「兄弟だ」と言っていたのですが、今は少しずつ態度を変えています。「民族」を前面に押し出して中国に敵対した場合、中国との関係は絶対的に悪化します。そこで新疆ウイグル自治区の弾圧から逃れてきた「ムスリムの兄弟」が来るのだから、我々は受け入れましょう、生活の支援をしましょう。そうは言うものの、「ウイグル民族同胞の解放を！」などとは言わないのです。つまり、トルコもその意味ではオスマン帝国に戻ったようなものです。トルコ政府的にはそういう支援を黙認しています。

二〇〇九年の七月五日、新疆ウイグル自治区でウルムチ事件が起きます。ウイグル人の暴動とそれに対する中国政府による大弾圧で、中国政府の発表によれば一九七人の死者、一七〇〇人あまりの負傷者がでたとされます。事件後、トルコのエルドアン首相（当時）は、中国による弾圧を「虐殺」と呼んで非難しました。

中国政府は、「これまで貴国における衝突を『虐殺』と呼んだことはない」と返す一方、「トルコがウイグル民族主義運動を支援するつもりなら、我々はＰＫＫを支援する」と反論しました。この後のトルコ政府の対応をみていると、ラビア・カーディルたちのウイグル民族主義運動からは距離を置いていきます。

それでいて、二〇一二年四月、ウルムチ事件の後、外国首脳として初めてエルドアン首相がウルムチを訪問し、モスクで礼拝もしました。北京より先に新疆ウイグル自治区を訪問したのです。当時外務大臣だったダウトオウル氏も同行しました。その後、北京で要人たちと会い、中国とトルコの経済関係強化に向けて協議を重ねたようです。国際社会は、ウルムチ事件の後、一斉に中国政府を非難しましたが、誰も首脳を新疆ウイグル自治区には送っていません。中国政府にとっても非常にセンシティブなことですが、エルドアン首相はあえてそれを実現し、中国政府も受け入れたのです。

この外交を通じてトルコは二通りのことを中国政府に言っていたはずです。一つは、うちに任せれば民族主義で「過激」な人たちを閉じこめて好き勝手はさせない。「民族主義」のかわりにイスラームを教えてイスタンブールで引き取る、と。もう一つは、ふつうのムスリム市民も含めて弾圧するなら黙ってないよ、ということ。興味深いことに、そういうことがあっても、中国政府はトルコとの関係を悪化させてはいません。つまりここにも帝国同士の敵対的共存関係が成立したわけです。

新オスマン主義とは何か

トルコについて最近よく言われる「新オスマン主義」とは、東欧諸国が言うような領土拡大の野心を意味するものではありません。現在のトルコには自国の領土を拡張するという意味での領土的野心はありません。それよりも「領域国民国家」の領域性を超えたところでイスラームの影響を強めるという志向性の話なのです。今のところ「新オスマン主義」という言葉の定義は人によって異なるので誤解も多いと思うのですが、現在のトルコ政府や公正・発展党（AKP）がオスマン帝国的なものに共感しているのは、領域国民国家をイスラームによって超越的なものに組み換えていこうとしているという意味です。

一九二四年にカリフ制が廃止され二〇二四年には一〇〇年を迎えるわけですが、その年を前に、トルコのみならずスンナ派世界では大変人気のあるエルドアン大統領がカリフ的な存在をめざすということは状況的にはありうることです。ただし彼は、イスラーム神学、法学の専門家ではないし、預言者ムハンマドの血筋でもありませんから、本人がカリフを名乗ることはないでしょう。現在、シリアやエジプトなど各地で迫害されているイスラーム知識人がトルコに集まってきています。あり得るのは、エルドアンを中心とした賢人政治を志向する擬似的な「集団的カリフ制」にすることではないかと私は考えています。カリフは一人ですから、「集団カリフ制」というのは本来おかしな言い方ですが。

二〇一八年の六月二四日、エルドアン大統領は自ら大統領選挙と国会総選挙を前倒しして実施しました。EU諸国などは、エルドアン大統領の強権化批判の大合唱でした。アメリカとの関係もひどく悪化しています。欧米諸国は、選挙で不正が行われるに違いないというので、大挙して選挙監視団を送り込みましたが、エルドアン大統領は勝利しました。与党の公正・発展党は前回選挙より議席を減らしましたが、トルコ民族主義政党の民族主義者行動党（MHP）と選挙協力をして過半数を維持しました。

選挙前に、公正・発展党と民族主義者行動党が選挙協力を決めたとき、これで勝てば、強い国家とイスラーム主義が融合することになり、まさしく、オスマン帝国的な統治をめざすのだろうと思っていました。ただ、トルコ民族主義が強く出すぎると、クルドとの共存は難しくなりますし、シリア難民の処遇もこれまでのようにイスラーム的寛容を貫けるかどうかは疑問です。現在、約八〇〇〇万人のトルコの総人口に対して、シリア難民だけで三五七万人が暮らしています。人口の四・四パーセントです。エルドアン政権は彼らに国籍を付与しはじめていますが、こういうイスラーム的寛容に、トルコ民族主義の政党がどこまで同調するかは疑問が残ります。もっとも、民族主義者行動党も、イスラームとトルコ民族は表裏一体だという話が好きですから、強い国家にイスラーム的公正を結びつけるのなら反対しないでしょう。西欧は独裁と非難しますが、実質的にエルドアンはすでにオスマン帝国の皇帝パーディシャー（スルタン）なのです。そして彼のやることがイスラーム法的に適法かどうかということの判断を求める御前会議を政権のもとに作るでしょう。カリフ制廃止から一〇〇年の節目である二〇二四年は、今の共和国が成立して一〇〇年となる二〇二三年の翌年にあたります。

エルドアン大統領がめざしているのは、もちろん復古主義的な意味でのスルタンではないし、ＩＳがシリアとイラクの国境を破壊したように現在の諸国家体制をいきなり破壊することはあり得ません。むしろ、既存の領土を守ることに注力するはずです。その一方でイスラーム的な正義とは何かということを自分たちが体現しているのだと、世界に向かって発信しているのです。そのためロヒンギャでも、ガザでも、ウイグルでもそうですが、「領域国民国家」のなかで抑圧されている人たちに手を差し伸べるエルドアン大統領に対する支持は、スンナ派世界の民衆のあいだでは非常に強くなります。

民族主義の観点からパレスチナ問題やアラブのことを研究していた人には、今のトルコがどこに向かおうとしているのかはなかなか理解できません。ですから、プーチン大統領や習近平国家主席と並列で単なる独裁者扱いされるわけですけれども、スンナ派イスラームの文脈からは違う姿が浮かび上がってくるのです。

現代における帝国の作り方

領域を持った国を作る「建国」は大変なことで、過去一〇〇年から二〇〇年そのために世界は戦争にあけくれてきました。まして今の世界は領域国民国家によって成り立っているわけですから、その領域を変更するとなると戦争のコストは莫大なものになってしまいます。トルコは自国の領域さえ、クルドの分離独立運動で脅されてきたのですから、現状の国家の領域を変えようとはしないでしょう。むしろ世界のどの地域にいようともスンナ派ムスリムである限り、彼らがエルドアン大統領のやろうとしていることを支持するという状況を作ろうとしているのです。

これまでの国際政治は国という単位を前提にしなければ意味をなさなかったわけですが、これからはこのエルドアンのやり方に意味が出てきます。例えば、力の差から言っても、ウイグル人たちが中国政府を動かせるわけはないのですが、トルコが中国政府と敵対的な共存、いわば「水と油の共存」のなかでウイグル問題を持ち出すことはできますし、ディアスポラとなったウイグル人を受け入れることで、中国政府にとっての脅威を取り除き、トルコにとっては「一帯一路」を信仰で結ぶ壮大なプロジェクトが可能になるかもしれません。

オスマン流敵対的共存の交渉術

ロシアとの敵対的共存に関して補足すると、ＩＳが壊滅した現在、ダゲスタン、チェチェンなどロシア軍が散々弾圧した地域のムジャヒディーン（ジハードの戦士たち）が大量にトルコに入っています。エルドアン大統領は「うちでかくまいつつコントロールするから」とプーチン大統領に言っているはずです。そうすればロシア側も安心する。「でも、その代わり、私に逆らうと彼らを外に出すよ」ということです。逃れてきたムスリムに庇護を与えるのは、いわばイスラーム国家の義務です。トルコ共和国は憲法上、世俗の国家で、イスラーム国家ではありませんが、こういうところに、憲法という主権国家、国民国家の至高の法を超越したイスラーム的正義をめざそうとしているのです。逃れてきたムスリムをかくまうな、と言うのは、それこそ「領域国民国家」なら言えることですが、イスラームの国であれば、到底、言えることではありません。そのあたりを、ふつうのムスリムが抱く思いをエルドアン大統領は汲み取って統治していこうというのです。

ＥＵに対しても同じです。「言うことを聞かないと難民を放出する。そしてそこにはＩＳも混ざっているかもしれないよ」と。「それが嫌だったら早くビザなし渡航の約束を果たせ」と主張します。中国のウイグル人ムスリムに対しても「ダール・アル・ハルブ（戦争の家）」を出てトルコに移住していいですよ。「ダール・アル・イスラーム（イスラームの家）」で受け入れますよ、という姿勢なのです。

いまだに世界のジャーナリストたちは、ＥＵ側の情報を基に「報道の自由もない、人権も認めないトルコがＥＵに入れるわけがない」と言っていますけれど、もはやＥＵに入れてもらおうとしてきた過去のトルコではありません。むしろＥＵの統合を危機に陥れかねない難民問題で鍵を握っているのはトルコの方です。そもそも、関税同盟にはトルコはすでに入っていますから、これでＥＵとの間で「人の自由な移動」というビザなし渡航が実現すれば、トルコは無理をしてＥＵに加盟する必要はありません。つまり、中断されたままのこれまでのＥＵ加盟交渉が、逆に今、対等な「敵対的共存」の形をとって実現しかかっているのです。

だから、ＥＵとの立ち位置にしても、ＥＵは自分たちが上だと信じ込んでいるでしょうけど、三五七万人の難民を抱えているトルコが難民を放出すれば、ＥＵは崩壊の危機に直面します。

それこそ一〇万、二〇万の単位でもう一回難民が流出すればEU諸国でのポピュリズム、排外主義、反EUの勢いをとめられなくなり、その結果、EU自体が自壊する——それをわかっているよねというメッセージをトルコは明確に発しているのです。トルコは極めて現実的な方法で帝国としての存在感を示しています。六〇〇年もの間生き残ったオスマン帝国の統治と外交の蓄積を現代に活《い》かそうとしているようです。

もう一つ、オスマン帝国の統治は、異質な宗教文化や民族文化を根絶やしにすることはなかった点が重要です。ハンガリーやギリシャを統治下に置いても、キリスト教を捨てろと改宗を強要していません。マジャール語（ハンガリーの言葉）やギリシャ語を捨てろとも言っていません。優秀な人材を帝国政府に登用する場合にはムスリムへの改宗とオスマン語の修得をさせましたが、西欧の近代の帝国のように言語を押し付けたり相手を教化したりする、あの押し付けがましい支配の発想は、オスマン帝国の統治にはなかったのです。

もちろん和議、講和に応じなかった場合は戦争になります。それはイスラーム法上の規定ですから。相手方が朝貢外交を断ったりした場合には、出て行って討伐する。実際、オスマン帝国がハプスブルクやサファヴィー朝に遠征して戦ったのは、その点なのです。

「アラブの春」、世俗主義者とイスラーム主義者のせめぎ合い

「アラブの春」が失敗して、エジプトのムスリム同胞団政権はクーデタで倒され、同胞団自体が非合法化されてしまいました。シリアでもアサド政権の殲滅戦の前に多くの同胞団が逃れました。そうしたイスラーム組織の人間をトルコはかくまっています。

「アラブの春」は二〇一〇年末、最初チュニジアでおきました。その端緒から外の世界の人は見誤っていたと思います。あの若者たちが何を求めていたかを。もちろん宗教と関係なく民主的で自由なものを求めていたということもあるでしょう。カイロのタハリール広場でムバラク大統領の退陣を求めて、Tシャツ姿の学生たちが集まって歌を歌ったり演説したりしている様子にフォーカスしていた欧米のジャーナリストは、もっと広い画角でそのシーンを撮っておくべきでした。結局、自分たちが見たい光景、見たい人間だけを見ていたのです。それは、自分たちと同質な若者で、自由と民主主義を希求し、エジプトを西欧型の民主国家にするために努力している人たちなんだと、思い込んでいたのでしょう。ですから、そういう欧米のジャーナリストたち、そしてエジプトの内側にあってはムバラクの腐敗した政権下で利権を貪ってきた人たちは、ムバラクの退陣を求める人たちの中に巨大なイスラーム主義勢力の力があることに目を向けようとしませんでした。ムバラク大統領が退陣した後の選挙でムスリム同胞団が勢力

を伸ばした途端、あんなものは潰さなければいけない、そのためにはムバラクを退陣させた第一の革命に続く第二の革命が必要だと叫びだしたのです。もちろんこれは、利権を失う恐れがあった軍部の意向を受けてのことです。

しかし、現実にムスリム同胞団が勝ってモルシー大統領の政権が誕生したということは、サイレントマジョリティはイスラームが政治の前面に出ることを望んでいたということです。モルシー大統領は、長年のムバラク政権のもとでムスリム同胞団の活動が抑圧されてきたことを受けて、ムスリムの意向を受けた政治をしようとしましたが、当然それは、前政権のやってきたことを否定するところが大きく、反対派からすると、これもリベンジに見えました。イスラームが政治に出てくるのは嫌だという人たちは、お金持ちや西欧化した知識人、それに何より既得権が奪われることを懸念していた軍部でした。

モルシー政権誕生から一年で国防大臣のシーシーがクーデタをおこしてモルシー大統領を逮捕、支持基盤のムスリム同胞団は後にテロ組織に指定されてしまいます。

シーシー現政権もまた、モルシー政権を敵として、極めて激しいリベンジを実行しています。このリベンジを正当化する理屈は、モルシー政権がイスラームよりの人材ばかり登用したとか、経済政策に失敗して外資が来なかったとか、いろいろ挙げられています。しかし、約三〇年続いたムバラク政権の独裁がようやく終わって、一年で、軍が力ずくで政権を奪ってしまったというのは、復讐以外のなにものでもないように私は思います。そして言うまでもなく、クーデタは民主主義の否定です。

モルシー政権が誕生して半年ほどたったとき、私はカイロで講演しました。聴衆はモルシーを支持する人と批判する人の真っ二つに割れていました。私は、少なくとも任期の四年間は待つべきだ、そのうえで政権が気に入らないのなら選挙で変えなくてはいけないと話しましたが、モルシーに反対する聴衆は、イスラームが政治に出てくるなんて許せないの一点張りでした。でも、エジプトの憲法は、以前から、イスラームを国教としたり、シャリーア（イスラームの法体系）を主要な法の源とすると規定していたのです。トルコのようにイスラームとは無縁の世俗主義を掲げた国ではありませんでした。長い独裁政権で豊かな生活をしてきた上流層の人たちは、モルシーがムスリム同胞団を勢力基盤としていたために、自分たちが復讐され利権が奪われることに強い恐怖を感じていたのです。明日にでもモルシー政権をつぶさなければいけないという主張は、全く筋の通らないわがままなものでした。

チュニジアの場合も、イスラーム主義政党のエン＝ナフダが勝つのですが、チュニジアはエジプトよりも世俗派勢力とイスラーム主義勢力が拮抗《きっこう》しているので、チュニジアのムスリム同胞団はエジプトの轍《てつ》を踏まないように世俗政党との妥協を図って施政を進めています。

イスラーム世界のどこの国でも、イスラーム主義、あるいはイスラームの復興を望んだ人たちと、イスラームとは関係なく世俗的な意味での自由や人権や民主主義を望んだ人たちの、両方がいます。都市部の中流層より上の人びとには世俗派が多かったから、タハリール広場のような場所で演説したり歌ったりしている若者に共感した。しかし、そちらだけ見ていたから「アラブの春」の背景を見誤ったのだと思います。

トルコの公正・発展党は、ムスリム同胞団に思想的に近いということもありますが、軍が力ずくで民意を潰すことに対して激しく反発してきました。それは、エルドアン自身が過去に何度も経験したことで、軍による政治介入は民主主義の完全否定だと彼自身何度も発言していま す。

政権与党がイスラーム主義であれ何であれ、軍という暴力装置が政治に介入して、民意で選ばれた結果を否定するというのは民主主義に反することです。西欧諸国は、「トルコのエルドアン大統領は独裁者で、非民主的なイスラームの復古主義者だ」と言いますが、公正・発展党は民衆の支持を受けていて、なおかつ軍の政治介入を阻止した初めての政党であることを軽視しすぎています。

民主化とイスラーム的公正

現状でスンナ派のイスラーム的な公正さやロジックを実際の施政に生かしているのはトルコのほかにカタールが挙げられます。湾岸諸国の中でカタールだけがなぜそういうふうに見えるかというと、カタールもまた特定の国でブロックを作ろうとはしないのです。「領域国民国家」を単位にして、敵だ、味方だと言っても意味がないし、そうした発想に縛られていないのは湾岸諸国の中だとカタールとオマーンぐらいでしょうか。カタールの場合、国が小さいから全方位外交をせざるを得ないということもあるけれど、対岸のイランとは、シーア派であってもちゃんと付き合うし、ソマリアやガザのように窮地にある人たちに対してオイルマネーを使って支援をして、弱者のために貢献する。少しはそういうところをサウジアラビアやＵＡＥも見習ったらいいと思うのですが、イランと付き合っているのが気に入らない、ムスリム同胞団を優遇しているのが危険だと言って、経済封鎖してしまいました。

カタールで一定の報道の自由をもった国際報道の放送局アルジャジーラが生まれたのは興味深いことです。アルジャジーラを批判する人は、「それはカタールの王家を批判しない限りにおいての話じゃないか」と言いますが、ほかのアラブ諸国のメディアは、自国の体制批判はもとよりパレスチナのガザがどれだけ窮状に陥っても、そのことを積極的に報道しようとはしません。イスラーム的公正という観点から考えるなら、世界のムスリムが置かれている状況を正確に伝えるぐらいのことはすべきでしょう。しかし、ガザの状況を伝えると、ハマスの動きを伝えなければならない。ハマスは欧米からテロ組織と見なされているし、危険な組織だから報道するのはやめておこう。これでは、イスラーム世界のメディアとして失格なのです。

ところで、そのカタールにしても、私たちの感覚でいう民主的な国家ではありません。タミーム王家の所有物と言ってもいいでしょう。その点ではほかの湾岸諸国と変わりはしません。しかし、イスラーム世界の場合、統治形態がどういうものなのかはあまり問題になりません。イスラームの成立当時、共和制などありませんでしたし、統治者は王様でも大統領でもいいわけです。ただし、その統治者がイスラームに従っていること、イスラーム的正義にどこまで従って統治するかが重要なのです。だから、イスラーム的な正しさを追求するということと、その単位となっている国の中で民主主義や人権が保障されるかは、しばしば矛盾をきたします。

私たち日本人は、西欧由来の国際秩序、あるいは国家の秩序という価値観で考えていますから、「民主的でなければならない」「人権も守られなければならない」と信じていますが、やはり到底理想通りの国など実現してはいないはずです。それに、本書で繰り返してきたように、民主主義や人権尊重を唱導してきた国は、自分の国の外で何をしてきたでしょう？

フランスはアルジェリアで何をしましたか。イギリスはインド、パキスタン、中東で何をしましたか。アメリカは、アフガニスタンで、イラクで何をしたでしょう？　かたや、国内では民主主義や人権を尊重し、外の世界には傍若無人なふるまいをする欧米諸国がある。その一方で、国内では民主主義も人権もさほど尊重しないけれど、広くイスラーム世界ではイスラーム的正義のために弱者の味方をするトルコやカタールがある。少なくとも、どちらが良いかを議論しても意味はないのです。

一体我々は何をモデルだと言っているのでしょうか。西欧的な民主主義や人権思想はたしかに一つのモデルではあるのですが、それが透徹されたかといえば、一度も透徹されて実現されたことはありません。欧米諸国の大半は、「うち」と「そと」で規範を使い分けてきたのですから、実態はダブルスタンダードだったということです。

例えばイギリスやフランスの政府やメディアは、さかんにミャンマーのロヒンギャのことを問題にしてきましたが、それでは実際にイギリスやフランスが「ロヒンギャ難民はうちで引き受ける」というようなことをしたかというと、やっていません。シリアに目を転じれば、「あそこは複雑なんだ」と言ったきり、何もしてきませんでした。先の章でも述べましたが結局、国連がなぜ役に立たないかというのは、そういう主権国家の集合体だからです。安保理の常任理事国であるイギリス、フランス、アメリカは、「内に平和、外には暴力」です。ロシア、中国は、国内でも反抗を許さず、外に対しても隙をみては支配を試みます。時に、「うち」と「そと」の両方に暴力的でさえあります。

統治をめぐるパラダイムが違う国同士がどうやって合意に達するのでしょうか。それを問わずには、第二次世界大戦後に作った国連の秩序は成り立たなくなっていると見ています。ロシアや中国が、いつの日かリベラル・デモクラシーを受容してヨーロッパのような国になるとは思いません。すでに、アメリカでさえトランプのような人物が大統領に選ばれ、ヨーロッパでもいくつもの国でリベラル・デモクラシーを拒否する政党が台頭したのですから。リベラル・デモクラシーの価値を論じることはできても、それが機能しない状況というものが、現に私たちの目の前にあります。

そのような国際社会で、少なくとも欧米諸国が、今のトルコの統治を批判したところで、何の意味もありません。もし、トルコを追い詰めて破綻させるなら、そこから出てくるのは、より先鋭化されたイスラーム主義の組織、つまり、ＩＳのようなサラフィー・ジハード主義者たちです。ＩＳは、その手法の残虐さはひどいものでしたが、ある意味では不公正に対して怒りを爆発させてしまった人たちの受け皿になっていたことは事実です。一方、トルコは、既存の国家の枠組みの内に、そういう過激な要素を吸収して穏健化させようとしているのです。西欧近代に生まれた領域国民国家からトルコは踏み出そうとしていますから、その意味でオスマン帝国を一部再現する部分があるでしょう。ですが、何度も言うように、領土的にどこかを征服しようなどということはまったく念頭にないはずです。

トルコのエルドアン政権は、軍の暴走を止めることこそ民主主義の絶対的な条件だと確信しています。彼自身、イスラームを賛美した詩を演説で引用したという理由で国家を分断しようとした罪に問われ収監された経験があります。トルコの政治史を見ても、軍は何度も政治に介入し、クーデタをおこしてきました。それを二度と許さないという意味では、エルドアンも過去の世俗主義の体制に激しいリベンジをしていることになります。一時はエルドアン政権の仲間とみなされていたイスラーム指導者のフェトゥフッラー・ギュレン師の同調者たちが二〇一六年七月一五日に軍の一部を利用してクーデタをおこそうとした事件に対しては、当然のことですが、恐ろしい勢いで復讐し、関与したと疑われる人びとを公職から追放、逮捕、裁判にかけています。

エルドアン政権にとって、軍というのは、単に政治に干渉する組織ではありません。トルコの軍は、建国の父ムスタファ＝ケマル（アタテュルク）の遺産を決然と守る守護者でした。イスラームを政治から排除したのも建国の父でしたから、軍はその衣鉢を継いでイスラーム主義の政治家を弾圧してきたのです。クーデタ未遂事件をきっかけに、トルコは、西欧的な世俗主義の国を支えていた国軍をついに権力から追放して、エルドアン政権のシビリアン・コントロール（文民統制）下に置きました。そして、イスラームと関連する組織であっても、自分に歯向かう者は絶対に許さないという強い姿勢で、ギュレン派のリーダーや関係者を処罰し続けています。

国民国家の枠組みを少しずつ変えているトルコ

トルコは、中東においてオスマン帝国以来、高度な行政システムをもつ限られた国です。エルドアン政権は相手が過激なイスラーム主義勢力であっても、まずはトルコに危害を加えるのかどうかを見極めようとします。いきなり、こいつは敵だ、テロ組織だと騒ぎ立てるような幼稚なことをしません。二〇一四年にイラク北部のモスルでトルコの総領事館職員が四五人以上もＩＳによって拉致されたときも、何をどうしたかは明らかにしていませんが、人質全員を解放させています。過激派だからと言ってＩＳとの交渉パイプを断つようなことはしなかったのです。そのために、イスラーム過激派と親和性があると欧米諸国から非難されることもしばしばあります。

二〇〇六年にパレスチナのガザでハマスが台頭したときにも、トルコはハマスをテロ組織として関係を断絶したりしませんでした。少なくともガザの民衆が民主的なプロセスで選んだものは尊重しなければならないと考えているのです。しかし、アメリカやEUは、いち早くハマスをテロ組織として関係を断絶しました。その後何がおきたかといえば、ガザは包囲されたまま開かれた監獄になってしまい、一層困難な状況に追い込まれてしまいました。追い込んだら最後は暴発する人間が出るのはムスリムに限った話ではありません。基本的にはいじめの問題と同じ構造です。いじめにいじめれば、最後には相手が屈服すると思っているのなら愚か過ぎます。最後の最後に、いじめる相手に刃《やいば》を向ける人間が現れてくるという事態を想定していないのだとしたら傲慢この上ないことです。

欧米諸国は最初にテロリストと決めたら、徹底的に潰そうとします。最初に定義を与えるわけです。「こいつらは白か、黒か、灰色か」と。なぜ、そういう組織が選ばれたのか、台頭するに至ったのか、そんなことはどうでもいいのです。しかし、実際には、黒だと決めつけたところで軍事力で完全に潰せるわけではありません。テロ組織と決めつけるのは、その後、一切、人権を認めず、攻撃を正当化するためのアリバイ宣言です。そのため、ハマスの支配下にあるガザの人たちを殺害しても、それはハマスなどを選んだおまえたちが悪いということになります。

しかし、トルコの場合、イスラームに関係する組織は、とりあえず敵対的ではあってもしばらくその動きを見定めようとします。ムスリムであるというのはいいことである、ムスリムを理由もなしに殺害するのは間違っている、というイスラームのロジックが先に来るわけです。ＩＳが出てきたときに欧米がだめだったのは、「ＩＳはイスラームではない」という中東諸国の御用イマーム（イスラーム指導者）たちの意見を何の疑いもなく採用したことです。自分の国にＩＳのようなものが出てきたら目も当てられないので、ほとんどの国の統治者はイスラーム学者を動員して、彼らは単なるテロリストだと宣言させ、アメリカなどが軍事的に潰してくれることを期待していました。

ところが、トルコは静観していたのです。何がおきているのか、何をしようとしているのかをじっと見ていました。欧米のジャーナリストたちは、トルコがＩＳと裏でつながっていると言い立てていましたが。

トルコ国内でもＩＳによるテロ事件が起きたので、ＩＳに対する摘発を強めていますが慎重にやっています。ＩＳがトルコの治安を著しく脅かすような許容範囲を超えた事件をおこした場合は、現在クルドのＹＰＧ、ＰＫＫに対して行っているように徹底して取り締まります。逆にＩＳ側もそれを知っているから行動が慎重になるともいえます。

シリア難民がトルコに何百万人も入ってきたときにも、トルコはいちいち彼らが何者であるかを調べてなどいませんでした。あまりに大挙して国境に押し寄せたこともありますが、一人ひとりの人間を、おまえは白か黒かと色分けする発想がイスラームの文脈にないからだとも言えます。とりあえず「困っている」と言ってみんなで荷物を持って逃げて来たら、ドアは開けてあげなければいけないというイスラーム的な倫理観が先に来るのです。

トルコは中東では随一と言ってよいほど、かっちりした「領域国民国家」を作った国です。苦労して独立を達成した共和国は「絶対不可分」で、第一次大戦後のように、二度と外国によって分割されるようなことがあってはならない――このことはトルコ憲法でもっとも重要な条項になっていて、「改正不可」と規定されているくらいです。そして、国民とはトルコ民族のことだと明確に規定しています。クルドという民族の存在を否定したために、彼らとの間に長い闘いを経験することにもなりました。さらに、国民の大半がムスリムなのに、イスラームは公の場に出てきてはいけないという厳しい世俗主義の原則をフランスの真似をして憲法に採り入れています。西欧をモデルとした「領域国民国家」の優等生だったのです。

しかしそのトルコが変わりつつあります。国境に押し寄せるシリア人を前に、フェンスを張って追い返すわけでも、事細かに審査するわけでもありません。

興味深いことに、ドイツのメルケル首相も二〇一五年の難民危機では同じことをしたのです。しかし、メルケル政権はそのためにほかのヨーロッパ諸国から大変厳しい非難を浴びる結果になったばかりか、国内にも難民・移民排斥を叫ぶ勢力が力をもってきて窮地に立たされています。トルコでは、欧米から独裁者、民主主義の破壊者と呼ばれているエルドアン大統領自ら、シリア人の受け入れを決めました。もちろん、三五七万人もの難民を抱えていれば多くの問題がおきます。それでも、エルドアンの難民政策は大統領選の争点にすらならなかったのです。野党の候補さえ、それを争点として前面に押し出そうとはしませんでした。多くの難民を抱えるのは大変困難だということは国民皆が知っていますが、だからといって「追い返せ」「彼らは不法移民だ！」などと政治家が発言したら、「人間ではない」と非難されるだけです。ヨーロッパとは、正反対と言ってもよいでしょう。

このことは、エルドアン政権下のトルコが、「領域国民国家」の優等生から変わろうとしているということを示しているのです。上からイスラームの規範を押し付けて国民を統治するというのではありません。トルコ民族を国民とするという憲法上の規定も、いずれ変わるでしょう。国民国家などということを言わず、ムスリムの国という方向に。

そんなことをしたら、キリスト教徒やユダヤ教徒はどうなるんだ？　と思うかもしれませんが、何も心配はいりません。オスマン帝国時代に共存してきたという過去が復活するだけのことです。

現在シーア派のイランの勢力が中東でのプレゼンスを増しています。サウジアラビアはイランを激しく敵視していますので、シーア派対スンナ派の宗教戦争が始まった、というような報道を見ますが、トルコはシーア派のイランと対立する気はまったくありません。むしろ、サウジアラビアという腐敗したスンナ派国家がイランと争っていることを冷ややかに見ています。同じようにイランとふつうに付き合っているカタールをサウジアラビアが経済封鎖していますが、トルコはすぐにカタールを支援し、万一、サウジアラビアが軍事侵攻に踏み切るような事態に備えて軍をカタールに派遣しています。

イランとトルコのオスマン朝時代の関係を調べてみると、おもしろいことが見えてきます。サファヴィー朝ペルシャへオスマン帝国は何度か討伐に行くのですけれど、いずれも勝敗がついていない。いわば引き分けのように、いつまでも戦わずに軍を引き上げています。それに、シーア派を背教者として断罪するようなこともないので、殲滅戦にならないのです。トルコとイランとの関係は、決して友人同士ではありませんが、四〇〇年にわたって領土をめぐって激しく争ったことはないのです。ここにはイスラーム世界における「敵対的共存」のモデルを見ることができます。

本当のグローバリズムを求めて

トルコのパラダイム・チェンジから世界情勢を見てきましたが、私たちが「地球規模」で直面している危機を乗り越えるためには、もはや単一のパラダイムではなくて、複数のパラダイムが存在することに気づき、その前提で物事を考えることが不可欠であることが見えてきたのではないでしょうか。

一方的に西欧が、自分たちの価値や制度を相手に押し付け、それと異なる考え方に立つ価値や制度を「排除しながら」相手を征服して地球規模に広げようというのは無理だったのです。それは所詮「エクスクルーシブ（排除的）なグローバリズム」でしかありませんでした。

異なるパラダイムの存在を認め、国家という枠組みを超えて、その差異を柔らかく内側に包み込むことのできる「インクルーシブ（内包的）なグローバリズム」こそが「本当のグローバリズム」として、新たな秩序を構築してゆくための、基本的なフレームワークだと私は考えています。そして、ここで基本とすべきは、人間としての尊厳だけです。

世俗主義が一般化した近代的な西欧世界にとって「宗教」というのは一種「遅れたもの」という思い込みがあり「いまだに宗教にしがみついている人たち」というだけで、相手を自分より劣った状態にあると考えてしまいがちです。

しかし、それは一方が他方に対して「劣っている」という上下の関係ではなく、そもそも「パラダイムが違っている」だけなのだとしたらどうでしょう?

例えば「自由」という概念を例にとって考えてみましょう。いわゆる「個人の自由」であるとか「女性の自由」というのは、事あるごとに西欧側がイスラームに対して批判する点ですが、西欧のほうは、そもそも個人の自由というものに神が介在する余地がないのです。

これをイスラームのパラダイムで捉えなおすと、ムスリムにとって大事なのは「神と共にある自由」であって、彼らには「神から離れることによって得られる自由」はあり得ない。ですから「神が決めた規範の中」では、どんなに楽しもうと自由だし、規範が示されていないことは、するもしないもその人の自由。神様が「してはならぬ」といっているものについては、やってしまうと来世で楽園(天国)に行くために必要なポイントが減点されてしまいます。だからそれを避けようとするのです。仮にそれでもやってしまったら、他の善行を行うことで帳消しにしようと努力するのがムスリムです。

つまり、両者は明らかにパラダイムが異なっている。世俗化した西洋人のように「神を捨てることによって自由を得たと思っている人」と、ムスリムのように「神と共にいないと自由はない」と思っている人との間に、一点の交わりもありません。もとより、優劣や上下もつけられません。それぞれのパラダイムが違うのだから、優劣などつけられるわけがない。

それは単純に「違う」のであって「優劣ではない」ということを認めようとしないから、自分たちのパラダイムで相手を差別し、見下し、敵意を持ち、疎外する。そうした姿勢を正当化しようとすれば、当然、衝突がおきることになる。

問題は、神を殺した西欧の世俗主義者（無神論者）の側です。彼らは「神を殺してしまった」ことによって世俗主義者となり「自分たちが前進した」と思っている。それが進歩であり優位であると思っている。

西欧文明が軍事的、経済的に拡大しながら広がってゆく過程で、いつしか揺るぎない確信へと変わり、あたかも自分たちこそが「人類の進歩」を体現する文明であり、やがて世界はそれに覆いつくされると考えるようになってしまった。

そんな西欧文明にとって彼らとは異なるパラダイムに生きる人たちは「自分たちよりも劣った文明」に生きる人たちであり「啓蒙」によって生まれ変わるべき存在なのです。もっとも、生まれ変わったところで、今度は人種や民族をもちだして、なかなか同じ仲間とはみなさないのですが。

一方、ムスリムの社会のほうも「西洋の衝撃」によって、一九世紀から二〇世紀半ばぐらいまではそれを受け入れようとしました。自分たちのパラダイムとは異なるパラダイムを何とか接《つ》ぎ木《き》しようとしたのです。

中東をはじめとした、イスラーム圏における「領域国民国家」という試みは、言うなればそうした「接ぎ木」の一つだったわけですが、結果的にそれはうまく行かなかった。接ぎ木をした枝は腐り落ちてしまい、逆にさまざまな問題がおきてしまった。

その失敗が誰の目にも明らかになりつつある今、西欧側が「俺についてこい」と言ったところで、一体誰がついていこうとするでしょうか？

「パラダイムの違い」は「優劣」ではない

私がまだ学生でトーマス・クーンの科学革命の話を勉強していたころに、ニュートン力学をいくら推し進めても、量子力学は出てこないことを知りました。

あるいは、ユークリッド幾何学をどんなに突き詰めても、それが非ユークリッド幾何学にはつながりません。ここでいうパラダイムとは、クーンの議論から離れてごく大雑把に言ってしまえば、ニュートン力学の世界像、量子力学の世界像と言ってもいい。ふつうの物体の運動はニュートン力学で記述することができますが、素粒子の運動を記述するなら量子力学が必要です。こういう関係を「パラダイムの違い」と言うのです。断絶したパラダイムを持つ体系が登場したとき、科学には革命がおきるというのがトーマス・クーンの「科学革命」の話です。

もちろん、今や先端的な物理学は量子力学の世界を研究している。それではニュートン力学は消えたのかというと、そうではありません。今なお、我々の目に見えるようなものの動きは、基本的にニュートン力学でいいのです。

だから学校でも高校までの物理はニュートン力学を教えるわけです。それは大学に入っても工学の分野で大きなものを使っている場合には、全然それで構いません。ただし、素粒子の世界を扱わなければいけない場合には、ニュートン力学では説明できないということがわかっているから、量子論で考えなければいけないのです。

それでは「ニュートン力学」は「量子力学」より劣っているのか……といえば、そんなわけはなくて、両者の間に優劣などつけようがない。たしかに先端研究は量子力学のほうが多いけれど、逆に、身の回りでおきていることはニュートン力学でしか説明できない。

このパラダイムの断絶こそが「科学革命」の証《あかし》だということを授業で聞いて、それからしばらく忘れていたのですが、おそらく、今のイスラームと西欧との関係はそれと近いところがあると思うのです。

要するに、お互いのパラダイムが違うのに、自分たちの原理とそこから出てくるルールで相手を測っても何の意味もない。そして、そのことを双方が了解しない限り、パラダイムの違いを乗り越えて他者を取り込んでいく「インクルーシブなグローバリゼーション」を実現できません。実現しなければ、互いの排除だけが世界を覆い尽くすことになります。

今の世界で言うなら、イスラーム文明と近代以降に誕生した西欧文明とは、双方ともに精緻《せいち》な原理、制度の体系をもっています。別の言い方をすれば、人を律する規範をもっています。もちろん、世界には西欧文明やイスラーム文明以外にも、さまざまな「異なるパラダイム」が存在するはずです。

中国もそうでしょうし、ロシアにはもちろん、西欧的な要素はあるけれども、しかしあれだけ巨大な国を運営しているわけですから、当然、ロシアというものを形づくっている、一種のそういう価値や規範の総体としてのパラダイムみたいなものがあるのだろう……という前提で世界を捉える必要が生まれています。

それはこれまで、自分たちのパラダイムを基準に「優劣」で世界を捉えてきた西欧的な秩序にとっては、非常に不愉快なことかもしれないけれど、世界中でその「限界」が露呈し、多くの問題を生み出している以上、私たちは複数のパラダイムを包み込む、インクルーシブなグローバリズムを追求すべき時代に生きているのです。

終章　帝国の狭間で

これまで見てきた通り、今地球的な規模でパラダイムの異なる世界がいやおうなく並存する状況が進んでいますが、目を日本に転じると、ここにもさまざまな限界が浮かび上がってきます。アメリカという戦勝国の強大な軍事力の傘下に戦後日本はあったわけですが、近年、ロシアや中国の軍事的経済的勢いはとどまるところを知りません。そんな中でアメリカのほうだけを向いた施策では早晩行き詰まることは明白です。東アジアのみならず、中央アジア、南アジア、中東、アフリカ、ヨーロッパ、ラテンアメリカ、つまりは世界の政治状況を考えるにあたってアメリカへの視点だけでは何も見えてきません。多様なグローバリズムを展開する帝国圏の狭間で、日本に住む私たちはどうしたらよいのかをこの章では考察してみます。

帝国割拠についていけない「グローバル教育」

二〇一八年、北朝鮮情勢に関しては韓国の文在寅《ムンジェイン》政権の外交努力が米朝会談への道を拓《ひら》きました。日本政府は端《はな》からトランプ政権に追従姿勢を取り続け「対話のための対話は意味がない」と圧力一辺倒の姿勢でしたが、これは実に対照的です。文政権は、当然トランプ政権からは一定の距離を取り、水面下ではロシアや中国とも調整を行っていたことが察せられます。

日本国内の議論を見ていると、北朝鮮情勢にとってキープレイヤーのロシアと中国の動向をあわせて考えることさえできていませんでした。あまりに視野が狭い。日本とアメリカという国と国との関係に依拠するばかりで、ほかの世界の動向さえもつかめないのであれば、決定的な孤立を招きます。

つまり、問題は、国家との一対一の関係だけではないのです。にもかかわらず、朝鮮半島での開戦の可能性がまことしやかに語られていた時期に、日本ではアメリカと北朝鮮の激しい言葉の応酬にしか注目が集まっていません。そのほかは、せいぜい北朝鮮の「ほほえみ外交」を揶揄《やゆ》し、軽視する情報くらいで、ロシアと中国の役割についての日本発の分析、報道はほとんど目にすることがありませんでした。イランとの核合意を破棄したトランプ大統領が、突然、北朝鮮とのトップ会談で核を廃棄させる。世界はそんなトランプ政権を信頼していません。そういう時だからこそ、関係するすべてのプレイヤーの動向をつぶさに追って日本の針路を決めなければ道を間違えてしまいます。

これには人材の育成にも原因があります。研究者でもジャーナリストでも、朝鮮語、ロシア語、中国語のうち複数ができる人はほとんどいないと思います。現在の大学教育を見ますと、例えば今やロシア語、中国語はおろか朝鮮語といった英語以外の外国語教育は風前のともしびという状況なのです。

そうした教育を担ってきた人文学系の教員自体の居場所がなくなり、人文系の学部は統合、縮小する。これが国の最近の方針です。国が「グローバル人材の育成」をうたっても実態はせいぜい英語偏重の、グローバル企業にとって使い勝手のいい人材を養成するということ。百歩譲って経済は英語をリンガフランカ（共通語）とするとしても、政治はそうはいきません。

外交には、好き嫌いをことあげする以前に、文化の基層を知る人間がいなければなりません。言葉には、歴史や思想や価値観、そして世界観が詰まっています。どんなジャンルだろうとまず原語で読んでその上で批判をする精神というものを持たない限り、外の世界は理解できません。そして、そういう教育は大学でなければやりようがないのです。

社会科学や人文科学の研究については研究そのものの信頼性を別とすれば、それが有益か無益かなど、議論しても意味がありません。数年で価値を失う研究もあるし、一〇〇年後に再評価される研究もあるでしょう。国家は、短期的には無駄に見える研究を蓄積させておかないと、後世に政策が痩せ細り、行き詰まることになるのです。

日本では、もう半世紀以上、英語教育が大事だと言われてきました。しかし大方の日本人は英語を使えません。それは当然で、英語を使えなくても食べていけたからです。入試では英語は必須だから脅され、大学では、グローバルな人材になれと言われても、英語なしで生活できる限り、誰も、日本語とはつくりも単語もまったく異なる言語を身につける必要などありません。

しかし、日本はいつまでも日本人だけでやっていけるのでしょうか。陸つづきに絶えず人が往来することのない島国であるがゆえに、そして世界有数の経済大国になれたために、世界を見ようとしなかっただけです。いま、領域国民国家の限界がすぐそこに来ています。いずれ、日本人も世界に活路を見出さざるを得なくなります。

そのために、英語は必須です。国の言う「グローバル人材」のためではありません。個人が生きていくために必要なのです。話す人の数からいえば、中国語やアラビア語やスペイン語を学んでおくと「金になる」から必要なのです。大学教育のなかでの語学とはまったく別の、世界で生き抜くための語学です。日本では、お金のため、生きるために外国語を身につけるという発想があまりにもなさすぎました。

しかし、世界には生きるため、稼ぐためにガツガツと言葉を学ぶ人たちがいます。文学や思想を学ぶこととは無縁の、生きるための語学です。難民や移民、つまり国境を越えて生きている人びとです。しかし、日本は、すさまじい勢いで進む人間の越境に対して、あまりに無関心です。

難民を受け入れない国家・日本

「2016年の難民申請者数は過去最多の1万901人と、初めて1万人を突破。一方、同年に難民条約上の条件を満たす難民と認定されたのは28人だった」（二〇一七年一一月一八日、時事通信。法務省入国管理局によれば、二〇一七年の難民申請者数は一万九六二九人で、難民認定者は二〇人だった）

これまで欧米の難民政策に対して批判的なことを述べてきましたが、難民の受け入れに関して日本は話にならないほど貧弱な状況です。これらの数字を見れば一目瞭然ですが明らかに難民の認定が少なすぎます。

現在、難民と国内避難民を合わせると六五六〇万人に達しています（二〇一七年、国連）。そのなかで、飛行機に乗って日本の空港に辿り着き申請できるような人はごくわずかです。ドイツなどヨーロッパでは、パスポートなど身分を証明できる書類を持たない陸路からの密入国者の難民申請も受け付けています。日本は島国ですから、難民の申請をするにしても、入国するのは大半が空港です。パスポートや入国のためのビザ（査証）を持たずに飛行機に乗ることは、まずできないのです。それだけではありません。空港まで来ても、日本に入国することを許されない人の数もここ数年で急速に増えているのです。上陸拒否された人は二〇一五年には四六一二人でしたが、二〇一七年には七一八一人となっています。上位はインドネシア、中国、タイ、韓国、トルコ。この人たちについて、私たちは何も知りようがありません。難民だったのか、不法就労目的で来日したのか、観光客だったのか。難民認定の数が少ないだけでなく、この門前払いも何を基準にして外の世界から人を受け入れているのかあるいは拒んでいるのかを不明確にしています。

ベトナム戦争時にはボートピープルと呼ばれるインドシナ難民が多数南シナ海へ逃げ出しており、日本がベトナム戦争終結後から二〇〇五年までの約三〇年間、のべ一万一〇〇〇人以上の難民を受け入れた時代もあったのです。今日では先述の通り先進国の中ではもっとも受け入れ数の少ない、難民に固く門戸を閉ざした国になっています。難民支援のためにＵＮＨＣＲ等に資金は出すが、人は受け入れないというのでは、あまりに不可解な対応です。

外国人の労働力を使い捨てる日本

難民をほとんど受け入れない一方で、日本という国は急激な少子高齢化という現実を見ずに、その場しのぎの外国人技能実習制度で外国人を労働者として使い続けてきました。低賃金でないと成り立たない業種があることは事実ですが、外国人実習生（という名の労働者）なら不当なレベルの低賃金で雇っていいということにはなりません。外国人の技能実習生に認められている職種を見てください。蒲鉾《かまぼこ》製造、惣菜の加工・製造、下着の製造、ビルクリーニング、かつおの一本釣り……、どの仕事も大事ですが、途上国の人が日本で技術を学び帰国後に同じ仕事をすることはまずあり得ない職種がほとんどです。放射性物質の除染作業とは知らされずに被《ひ》曝《ばく》の可能性がある作業に従事させられたベトナム人青年の事件もありました。この、あくまで「技能を学びにきている」という欺瞞。この制度は実質的に最初から外国人労働者に正式な門戸を開かないための代替措置に過ぎません。ですから、日本で修得した高度な技術を出身国に持ち帰って母国の発展に寄与させるなどと途上国への支援の一環だという建前を振りかざすべきではないのです。

低賃金、事業所によっては劣悪な労働環境を強いられた結果、失踪する外国人実習生が急増し、法務省によれば二〇一七年前半で三〇〇〇人を超えたと報道されていますが、それは当然でしょう。結局この制度は絶対的に足りない労働者を補うために代替措置を要求した経済界の要請によるものでしかありません。日本の景気が後退したときには実習生に開放する企業を減らせばいいという、あまりに安易な雇用調整の道具にもなっています。

それでいて日本の世論は「移民が増えたら恐ろしい」と、難民どころか、正当な労働者としての移民も入れないという。ドイツでは二〇一〇年の時点で総人口八一七〇万人のうち外国出身者が一九・三パーセントの一五七〇万人に達していたのです。そのうちドイツ国籍を得た人が八六〇万人（総人口の一〇・五パーセント）です（独立行政法人労働政策研究・研修機構「主要国の外国人労働者受け入れ動向・ドイツ」による）。このドイツが高い経済成長を実現していることにも少しは目を向けたらどうなのでしょうか？　当たり前のことですが、移民は社会の一員となれば税金も社会保険料も納め、経済活動に貢献する人間なのです。

それでも移民を受け入れざるを得ない日本

二〇一八年六月、安倍政権は「骨太の方針」で、突然、外国人労働者の増大を発表しました。その時、官邸からの情報にそって、すでに多くの外国人労働者がいる、彼らなしに日本の経済は維持できないと報じたメディアが多数ありました。しかし、日本の政府はこれまで一度も未熟練の外国人労働者を受け入れるなどと公言したことはなかったのです。

安倍政権は「移民政策は採らない」と繰り返していますが、その一方で「外国人労働者」の受け入れは経済団体の要請もあり急ぐ方針だと言います。つまり、「日本は移民は入れないけれど、外国人労働者は増やす」と言っているのです。単に、低賃金で働かせるための労働力は外国から導入したいということなのですが、この身勝手な政策が外国人技能実習制度の上につくられたことは明らかです。

単に期間を限定して働きに来る場合「外国人労働者」、家族を帯同して定住する場合「移民」というのがふつうです。安倍政権の問題は、前者は増やすが後者は拒否という姿勢で、家族を連れてくることは認めず単身赴任を強制する点と、有期雇用で低賃金化を狙っている点にあります。裁量労働制の真意が労働者を「安く」「酷使」しようとしたことでわかるように、外国人を安価な労働力としてしか見ていないのです。家族を連れてきてはいけない。日本では単身赴任が人権の無視だという認識はあまりないのかもしれませんが、世界的には基本的人権を認めないものととられるでしょう。ヨーロッパ諸国が、景気の後退と共にやってきた労働者の家族を迷惑がったのは事実ですが、それでも外国人労働者の人権は守り、家族の追加的移住を認めたこととは対照的です。

ヨーロッパ諸国の中でフランスは外国からの就労目的での移住について、フランス語話者、つまり旧植民地出身者が多く、歴史的経緯から彼らを移民として受け入れてきました。ですから、外国から働きに来る人＝移民と理解しやすいし、フランス語では「外国人労働者」という言葉は一般的ではありませんでした。

しかし、ドイツはあくまで「外国人労働者＝ガストアルバイター」として受け入れたのが先で、ドイツ社会に異質な人間を定住させる、つまり移民として受け入れるという発想がありませんでした。ただ、家族が一緒に暮らすことは基本的人権として認めたため、「移民」として受け入れざるを得なくなったという経緯があります。そして、ドイツは今でこそ「移民」と国民との権利を近づけましたが、九〇年代まで保守政権は「ドイツは移民国ではない」との立場をとっていました。その後移民国かどうかの議論は下火になりましたが、近年は、移民が多過ぎて、ドイツのヨーロッパとしてのアイデンティティが危機にあるとの主張が力を持ち、排外主義が拡大していることは先の章で述べた通りです。

コストのかかる家族ごとでの定住の「移民」はお断りだけれど、有期雇用の外国人労働者は欲しいという身勝手な政策を推進する以前に、日本はこうしたヨーロッパの事例からメリットとデメリットをまず知るべきなのです。

ともあれ、これだけ少子高齢化が進めば、日本は外国人を受け入れざるを得ないのは間違いありません。

経済成長という論点をめぐり、移民の受け入れに積極派か慎重派かというような議論を最近よく見ますが、そもそも、いつまでも経済成長などという幻想に縛られているのは無意味です。もはや、移民の受け入れなしには、さまざまなサービスも含めて日本社会がもたないところまできてしまっているのです。テクノロジーによるサービスや労働の省人化で乗り切るという意見もありますが、それではとても追いつかないでしょう。例えば介護を全部ロボットが担うというのは無理です。人というのは、最後の最後に機械ではないものを求めます。機械がいくら人に近づいたからといって、一朝一夕にそういうことができるわけではありません。

一九九〇年代当時にトルコ労働省の幹部と話したことがあります。彼はトルコからの移民の問題を管轄している部署のトップでした。少子高齢化の問題が表面化する前ですけれども、彼はこう言いました。「いくらすぐれた技術と経済力を持っているからといって、日本だけが移民なしで先進国を維持できるわけがないだろう」。ちょうどソ連が崩壊してその領内から大量に人が溢れトルコへ入ってきた時期でしたから、彼は「労働者を送り出してきたトルコでさえ、いまや隣国から働きに来る時代だ。日本は、いくら島国だからといって、そのまま孤立して、外の人間が入らずにどうやって国を維持できるのか」と懐疑的でした。

各年齢層の人口の推移から見て、日本社会はすでに崩壊の途上なのですから、もはや推進も慎重もありません。事実を前にして、いかに移民を人としてフェアに迎え入れるかを考え実行に移さなければ、国が早晩もたなくなるのは明白です。そして中国経済が世界経済の中で覇権を握りつつある今、もう、「日本は凄《すご》い国なんだから外国人は低賃金でも働きに来てくれる」という思い上がりは通用しません。

振り返ってみれば、日本は外国人労働者を本当にその場しのぎでしか使ってきませんでした。一九八〇年代後半のバブル期、高校卒業者が工場や現場での就労をしなくなり、零細な製造業が危機に瀕した時代がありました。そこに当時ビザなしで滞在できたバングラデシュやパキスタンの人が働くようになった時代があったのです。製造業の地元は不法就労の取り締まりをしないよう地元出身の国会議員に頼み、警察も見て見ぬ振りをしていました。本当はその時点で移民を適切に迎える施策は打っておくべきでした。バブルが崩壊した後も労働力の不足は続き、今度は滞在や就労の要件が緩やかな日系人がとって替わり、並行して外国人技能実習制度をつくりだしたのです。

外国から人を受け入れるという重い政策の前には、最近の日本で目立つヘイトスピーチの風潮が暗い影を投げかけているという現実があります。

やるべきことは、安い労働力を海外から導入することではありません。彼らは、一人ひとり、欲も情もある人間なのです。人間として受け入れる覚悟をしない、外国人労働者の身勝手な受け入れは必ず失敗します。

血統主義と国籍

国家という単位でしか物事を考えようとしない日本人にとって、その裏づけとなっているのが日本国籍の「血統主義」です。内なる人間か、外なる人間かを峻別しないと気が済まないのは、何も日本人に限りませんが、日本人はことのほか「血統」にこだわります。日本人とは日本人の血を受け継いだ人間のことだと誰もが信じて疑いません。法律上も、親が日本人なら子やその子孫も日本人とされています。もちろん、日本の国籍を付与された外国人の子も日本人となるのですが、どんなに日本語が上手で日本社会に適応していても、見た目が異なっていたり、名前が違っていたりすると「日本人」とみなしません。

日本人の「血」が流れているかいないかにひどくこだわるのです。しかし言うまでもありませんが、ここでいう「血」に科学的な意味はありません。日本人と外国人のあいだに血液の組成の相違があるわけではないので、「血統」が同じというのは一種の共同幻想にすぎません。長い鎖国の歴史を経て、明治になりいきなり西欧的な領域国民国家をつくったとき、日本人とは誰か、日本国民とは誰かを規定する必要性に迫られました。そこで、大日本帝国の統治にとって好都合で、なおかつ昔から身分や仕事を継承させるのにつかっていた「血筋」を国民概念の基礎にもってきたのです。

このことは世界の中での日本の位置というものを客観的に認識することをひどく難しくしてしまいました。

血統という目に見えないもので国籍を決めてしまうと、当然ながら、二重国籍に否定的になります。ふつうは三つも四つも国籍をもつという面倒なことはしませんから、二重と言いますが、きちんと言うなら「重国籍」です。しかし、読者のみなさんもよくご存じのように、世界には二重国籍の人がいくらでもいます。日本人にもいます。日本の国籍法は重国籍を認めないと決めているのに、どうしてそういうことになるかというと、日本の国籍を取得した外国籍保有者が、外国籍を離脱する手続きをしなければ二重国籍になる場合があるからです。国籍法は、外国籍の離脱に努めなければならないとしていますが罰則はありません。国籍を与えるのは、与える国の「主権」に属することです。日本国民になった人について、もとの国籍国に対して国籍を剝奪《はくだつ》しろと要求することなどできるはずはありません。

日本のように「血統」で国籍を決めることを血統主義 *jus sanguinis* と言います。実際に世界の多くの国は、血統が国籍の根拠になるという考え方をとっています。ただし、純粋な血統主義に固執してきた国としては、日本とドイツが代表的です。

その一方で、この国で生まれて育ったのだから国籍を得る権利があるという考え方をとる国もあります。こちらは出生地主義あるいは属地主義 *jus soli* と言います。アメリカ、カナダやフランスはもともとこの考え方が強いですが、もちろん、親が国籍をもっていれば子も継承しますから、血統主義と出生地主義がミックスしているケースが多いのです。

血にこだわるのが良いのか、生まれたところにこだわるのが良いのか、問題はそこではありません。出生地主義をとる国でも、フランスの場合は、国民が共和国に参加する姿勢を強く求めるという前提があっての出生地主義です。現実の問題として、移民に出自をもつフランス国民が、フランスのここは好きだけど、ここは嫌いだと言ってしまうと、とたんに居場所を失います。ネイティブの白人フランス人なら、そんな扱いは受けないのに移民の場合は厳しい批判にさらされることになります。アメリカは、普段はそういう国家理念への共鳴をさほど強く求めませんが、その代わり、戦争に乗り出すと、必ずナショナリズムを高揚させ、アメリカ国民であることの意識を強めてきました。

どちらの国籍概念をとろうと、国家というものへの強い帰属意識を求めるのが国民国家の常なのですが、国境を越えて膨大な数の人が流動するようになってくると、自分の国から出てくるなと叫んでも、むだです。そういう時代に私たちは生きていることに気づかなくてはいけません。

血統主義に固執する日本、ついに変化したドイツ

日本の場合、血統主義をとっているから問題があるというのではありません。血統主義に固執しすぎるために、世界から孤立していくところが問題なのです。移民受け入れは断固として認めないという政府の姿勢にもそれが表れています。もう、外国人の働き手なくして日本の経済が成り立たないと宣言しておきながら、いつか将来、日本国籍を望む人が出てきては困る、日本の一体性が損なわれると言い張るのなら、世界中から勝手に衰退すればいいと言われるだけです。日本は日本人だけの国でいたい、そう願うのは自由ですが、それは世界の現状とあまりにもかけ離れています。

矛盾しているのは、そうは言いつつ、日本にとって有益な人なら帰化も認めるからです。有益な人に国籍を与えてはいけないというのではありません。日本の場合、国籍の付与は完全に国家の裁量権のうちにあるものとされ、一定の条件を満たせば、誰でも「権利としての帰化」が認められるという考え方を決してとりません。スポーツ選手を例にとればわかりやすいですが、良い成績を挙げた選手は簡単に帰化できますが、成績がふるわなければ帰化が認められないということになりかねません。

一方、頑なに血統主義を守ってきたヨーロッパの国、ドイツはそれを変えつつあります。前にも書きましたが、ドイツでは一九六〇年代から外国人労働者を大規模に受け入れてきました。ずいぶん長いこと、彼らを「ガストアルバイター（一時的滞在労働者）」と呼んで、ドイツを構成するメンバーとは認めない政策をとってきましたが、四〇年をへて、一定の条件を満たせば二三歳までは自動的にドイツ国民として扱うと法律を変えました。これは二三歳を過ぎる前に、元の国籍かドイツ国籍を選択しなさい、重国籍は認めませんということだったのですが、二〇一四年からはその条件も外して、ついに重国籍も認めるようになりました。ただし、前の国籍法が適用されている人には新法は適用されません。純粋な血統主義から変化したことへの反動でムスリムの移民や難民をターゲットにヨーロッパの価値を受け入れない人は出ていくべきだと主張する政党が急速に勢いを伸ばすことになってしまいました。

そういうドイツの「轍を踏まない」ようにしようと考えるのか、それとも、グローバルな人の動きは止めようとしても止まるものではないのだから、なんとか対処を考えようとするのか、日本は国籍について重要な問題を突きつけられているのですが、政府はいまだに日本経済のことしか考えようとしません。途方もない規模で国境を越える人が出ている今、国家の国民概念、国家の領域性というものが根本から揺さぶられているのです。日本だけが、このグローバルな潮流と無縁でいられるのでしょうか。

報復による秩序の崩壊——ついに現代世界は限界に達した

先にも触れましたが、第二次世界大戦の敗戦国であるドイツは、日本のように「戦争しない」と誓ったのではありません。ドイツはホロコーストへの反省から「二度と迫害をしない」と誓ったのです。だから、第二章の難民問題のところで触れたように、何人《なんぴと》も迫害を受けた人はドイツに庇護を請求できるという庇護権条項（基本法第一六条のａ）を持っているのです。

一方、日本は、戦後、憲法で何を誓ったのでしょう？　言うまでもなく、憲法第九条がそれに当たります。日本の場合は、迫害ではなくて、二度と侵略と戦争をしないことを誓っている。

国の交戦権の否認や、軍を保持しないという文言が憲法に入ったのはそのためです。ドイツも侵略戦争は否定していますが、防衛のための戦争までは否定していない。だから、早くから国防軍を持ったし、レオパルト戦車をはじめ武器を輸出しています。

さらにNATOにも所属しているし、アフガニスタンでの国際治安支援部隊（ISAF）にも軍を送っています。軍備や軍需産業に関しては、ドイツは否定していません。

しかし日本の場合は、とにかく平和主義で戦争しないことを決めた。だから、戦争に関わるものから手を引けということが、戦後にできた日本にとっての一大原則であったわけです。その原則を今の政権は崩そうとしています。

戦後七〇年、日本はどの国にも軍隊を送らなかったことがかえって紛争地では日本という国への信頼につながっており、日本人のNGO団体は襲撃対象にならずに済んだということがあったのですが、もはやイラクや南スーダンへのPKO派遣で、そのイメージは崩れつつあります。少なくとも行った先の国から見れば「日本軍」が来たと受け取ります。相手の国の人びとが憲法第九条や日本国内での自衛隊に関する議論を知っていることはまずないでしょう。ここでも、第二次世界大戦以後の世界に作られた秩序が崩壊に向かっています。

文民統制の限界

その点、今の日本も、限界に達したと思います。安倍政権は、その前の民主党政権に国民が愛想をつかした後に成立したわけですが、六年近くの間に政官関係、平和主義、国民主権そして政軍関係に関するプリンシプルまでぐずぐずと崩してしまいました。戦後の日本の七〇年間の平和と繁栄を築いてきたシステムが根底から崩されたと言っても過言ではありません。安倍政権は「保守」を自称していますが、実態としては破壊者と見るべきでしょう。

官僚の規律についても同じことが言えます。森友学園への土地払い下げの問題にしても、加《か》計《け》学園の獣医学部新設のプロセスにしても、最初は、納得のいかないことが多いという印象でした。しかし、それが次第に公文書の改竄、さらに存在する文書を廃棄したとか見つからないなどという官僚の嘘に発展していきました。防衛省は南スーダンやイラクに派遣した自衛隊員による日報が存在しないと言っておきながら、後になって見つかっています。

日本の行政機構もまた秩序を失ったのです。文書の改竄や紛失は役所規律が機能しなくなったことを表わしていますが、一連の問題は、国会で答弁する閣僚たちや役所のトップたちの意向を付度することで、精緻に組み立てられてきたシステムを崩壊させてしまったことに起因します。役所は、制度にのっとってシステムを動かすのが命ですから、そこに法令に基づかない要素が入り込むと整合性をつけるのにひどく苦労することになります。ルールをどこで破るのか。破っておいて隠蔽するにはどうするのか。後から後から、行政の信頼を揺るがすような問題が噴出してくるようでは、行政の頂点にいる政府が正常な機能を失ったも同然です。

私がひどく懸念しているのは、政治家と官僚の緊張関係だけでなく、軍人（制服組の自衛官）と政治家の緊張関係もまた崩壊に向かうのではないかという点です。メディアは大きく取り上げませんでしたが、二〇一八年の四月半ば、驚くべき事がおきました。幹部自衛官であり統合幕僚監部に勤務する三等空佐が、民進党の国会議員に向かって、その政治姿勢を批判したというのです。自衛官と議員との主張は一致していませんでしたが、結局、防衛省は当人が自衛隊法の「品位を保つ義務」に違反したとして訓戒処分にしました。

私は愕然としました。今から八〇年前の一九三八年、国家総動員法制定のために開かれていた衆議院の委員会で、軍から説明に来ていた佐藤賢了陸軍中佐が議員に向かって「黙れ」と一喝する事件がありました。「黙れの賢了」と呼ばれて有名になったこの人物は、戦後A級戦犯となっています。当時はすでにシビリアン・コントロールなど存在せず、現役の軍人が軍部大臣を務めていました。そのことが日本を前のめりに戦争へと追い込んでいきました。第二次世界大戦後、二度と軍部の暴走がおきないように、自衛隊にしても文官が優位を保つように制度を組み立て、軍人ではない人が防衛庁、防衛省のトップに就くようにしてきたはずです。さらに、現職の自衛官は自衛隊法によって政治に干渉することも禁じられています。

現職自衛官が立法府の議員に向かって暴言を吐くとは、シビリアン・コントロールに反する行為です。ここ一〇年ぐらいの間に、この種の事件が相次ぐようになっています。二〇〇八年田母神《たもがみ》航空幕僚長が、政府見解とは異なる日本の過去について論文を発表し更迭されたこと、二〇一七年には安倍首相が憲法改正にあたって自衛隊の存在を九条に明記する提案を検討していることに対して、今度は河野《かわの》統合幕僚長が「統合幕僚長の立場としては申し上げにくい」としながらも「一自衛官としてありがたい」と発言している。これも政治に対して自衛隊のトップが見解を述べたことになり、シビリアン・コントロールの一角を切り崩す発言であったと私は思います。

自衛隊が南スーダンとイラクでの活動の記録を廃棄したなどと言って、それを防衛省や当時の稲田大臣は「ない」と答えてきたことも同じです。文民である大臣に対して、都合の悪いことを隠蔽してしまおうという自衛隊幹部の思惑がなければ、こんなことはおきません。さらに、自衛隊が活動する地域は戦闘状態にないことが条件とされていたはずなのに、南スーダンでは実際には戦闘が続いていたことが、後になって開示された活動報告で明らかになりました。

軍というのは文民による統制ができなくなると、必ず、自律的、つまり軍隊という強固な組織の中でしか通用しない行動原理で動き始めます。これは、どの国でもそうです。この問題は、日本の「戦前」の問題ではないのです。国家の軍隊という組織がもつ本質的な性格によるものなのです。日本は、戦前に軍の横暴を抑えられなかったから、戦後になって自衛隊を作った後も、なんとかして手足を縛ろうとしてきました。

それは過去の失敗に対する反省からです。しかし、実はもっと普遍的な問題なのです。世界中に主権国家というものが存在する限り、必ず持っている国軍という組織は、政治に介入し、自ら政治の主体になろうとし、その時には軍事力の使用も辞さない、という普遍的な暴力性をもっているのです。いわゆる先進国やロシア、中国、北朝鮮のような強権的な国では、政治の中枢にいる人間が、国軍をうまくコントロールしているだけです。

日本は、過去に戻ろうとしているようにも見えますが、戦後に作りあげてきた諸価値の体系を否定しようとする勢力が、国民の政権への一定の支持を背景に、報復に出ようとしているように私には見えるのです。

トルコで何度もクーデタを見てきましたし、政権がいかに苦心して軍をコントロール下に収めてきたかを知っている私から見ると、状況は極めて危ういと言わざるを得ません。日本で、戦後に作られた「政軍関係」のレジームが、今、どちらの方向に傾斜しようとしているのかを私は注視しています。戦前型のように、軍人がろくに世界を知らないまま、国威を発揚し、軍事的強国になりたいという意志を明確にしていくのか。それとも政治家が世界を知らぬままに軍隊を動かして、結果的に世界のあちこちで発生する地域紛争に日本の自衛隊が巻き込まれる、というアメリカのような方向に進もうとするのか。自衛隊といえども、海外に出れば、日本の国軍であるので、国の交戦権が否定されていることや、そもそも自衛隊は専守防衛を旨とする受け身の軍隊であることを、現地で暴れている武装勢力が理解してくれる可能性など、まずないと思ったほうがよいでしょう。

いずれ政権が、どこかの国に対して強い影響力をもってやろう、言うことを聞かせてやろう、という態度に出たとき、大変な危険を引き起こします。これまでは、国連のＰＫＯ活動だから国際的責任として派遣するのだなどと政府は言ってきましたが、それは一種の予行演習です。今後、日本の自衛隊がどこかの紛争当事国に出て行くときは、必ず、その国に資源があるか、経済的に日本にメリットがあるか、そういう利害を計算したうえで国益のために派遣されるようになるはずです。

限界の世界

排外主義を唱え、隣人を排除せよと叫ぶ人びととは、往々にして相互の文化や生活を全然知らない人びとです。本書で見てきた通り、第二次世界大戦のときに犯した過ちは、まったく別の形をとりながら今の世界を覆っています。

このことは世界にとって深刻な事態です。どこかの国と国との争いが戦争に発展するというのではなく、すでに秩序が崩壊した地域から、ほかの地域に人が溢れ出てしまったために、世界のあちこちで人を排除する方向に進んでいるからです。排除するには、どうしても理屈がいります。その理屈として使われているのが「アイデンティティ」です。冷戦時代のような「イデオロギー」ではありません。しかし、実際のところ、この「アイデンティティ」なるものは空想的なものであったり、国家が国民を統合するために創りだした共同幻想でしかありません。「アイデンティティ」が違う集団が勝手に踏み込んでくるのは大問題だから排除する。違う宗教に基づく価値をもった集団が勝手に住み着くのは自分たちの「アイデンティティ」を脅かすから排斥する。排除された人間は、右往左往するばかりで、安心と安全を誰にも保障してもらえない状況が続いてしまうのです。

この状況は、第三次世界大戦と言っても過言ではありません。大国同士が全面戦争に陥ったこれまでの世界大戦とは違って、小さな「領域国民国家」の秩序が雪崩《なだれ》をうつように崩壊し、「国民」が国民であることを捨てて世界に飛散していくのです。

本書で述べてきた通り、中東からアフリカにかけて、シリア、イエメン、リビア、南スーダン、エリトリア、ナイジェリア、マリなどすでに多くの国がおよそ秩序を維持しているとは言い難い状況に陥っています。そして、いずれ破綻するであろうエジプトやサウジアラビア、UAE、イラク、アフガニスタンなどを含めれば、巨大な地域で秩序の崩壊がすでにおきているのです。次の時代には、ロシアや、これまでロシアの力を頼りに国民を力ずくで押さえつけてきた中央アジア諸国から、中国の妥協を許さない統治の下に置かれてきた新疆ウイグル自治区にかけて、先鋭化したイスラーム主義による暴力的な闘争がおきていくでしょう。イスラーム的な公正を求めるムスリムの行動が止《や》むことはありません。

経済を見ても、今まさにアメリカが保護主義を明確にして、敵対的関税をEU、カナダ、中国、トルコ、そして日本にまでかけて貿易戦争を仕掛けています。一方に自由貿易に関する多国間の秩序を破壊しているアメリカがいて、アジアには「一帯一路」で中国から中央アジア、南アジアもつないでいこうという巨大な中国政府の国家プロジェクトがあります。どの国も、自国の利益になりさえすれば、どこへでも出て行くし、利益にならないとなれば、さっさとフェンスや壁を作って人やモノや金の流れを阻止しようとするようになっていきます。第三次世界大戦とは、こういう意味で、世界から安住の地が失われ、人間の尊厳が奪われていく「プロセス」そのものです。それは、本書で見てきたように、復讐に次ぐ復讐によって加速されていくことでしょう。

皮肉なことです。インターネットをはじめとする情報技術の革新によって、私たちは、自分の国にいながら、自分の家にいながら世界で何がおきているのかを知ることが容易になりました。しかし、見ようとしないのです。黙っていても情報を流してくれるテレビや新聞のようなメディアは、強大な専制国家ではもとよりごく限られた情報しか提供していません。本来、リベラル・デモクラシーが実現されていると思い込んできた日本やアメリカでも、すでにマスメディアは分極化していて、情報を受け取る側も自分の聴きたい声しか聴かず、見たいものしか見ないように変わってきています。多様な主張、異なる主張に耳を傾けなければいけないという考え方は、失われつつあります。SNSの発達は、この傾向に一層拍車をかけているようです。もはや体制のいかんを問わず、人は多様な声から耳を塞ぎ、多様な現実から目をそむけるようになってしまったと言えるでしょう。ですから、実態として「世界戦争」のようになっていても、とりあえず銃弾もミサイルも飛んでこない、難民もいない社会に生きている人は、そんな世界があることへの想像も共感もできません。ミサイルや爆弾で、日々、命の危険にさらされている人、そこから逃れようとして漆黒の闇の中、地中海をゴムボートで密航している人は、世界が自分たちをなぜ救ってくれないか、自分たちの声をなぜ聴いてくれないかと嘆くばかりです。いうまでもなく、この嘆きは、次のステップで暴力の源泉となるでしょう。

こうして、現代史は限界に達したのです。

ウェストファリア体制以降の世界を分割してきた「国境の中に主権があり、国民がいる」領域国民国家像は限界に達しました。カネとモノが国境を越え、それに次いで、相対的に貧しい人たちが国境を越えて豊かな領域国民国家に殺到する。グローバル化とは、領域国民国家から成り立つ世界システムの崩壊を意味しています。

本書のなかで、イスラームが西欧世界からひどく嫌われている現実を描きました。当然なのです。イスラームは最初から、国民国家も、国家の領域性も念頭に置いていません。だから、ムスリムは、貧しい世界から豊かな世界へ、人道の危機にある国から、少なくとも安全に暮らせる国へと、大挙して国境を踏み越えて移動したのです。ムスリムにとってイスラームには存在しない「領域国民国家のルール」、つまり勝手に国境を踏み越えてはいけないというルールなど、たいした意味をもたなくなったのです。西欧世界がこれに苛立つのも当然ですが、動くのはムスリムだけではなくなっています。

第二次大戦後の秩序が相次いで崩れていくなかで、あまりに多くの人命が失われています。あまりに多くの人が、安心も安全もない日々を送っています。しかし、この問題を領域国民国家の内側に押し込めて解決するでしょうか。私にはそうは思えません。世界を約二〇〇もの領域国民国家に分割してきた歴史そのものが限界に達しているのです。限界の次に何が来るのか？　どんな秩序を再構築するのか？　当面の間、世界はロシア、中国、そしてアメリカもそこに参入して巨大な国同士がにらみ合う「敵対的共存」の秩序を作ることになるでしょう。イスラーム世界からはトルコが敵対的共存のアクターとなります。個人的に望ましいことだと思っているわけではありませんが、イデオロギーによる体制間の敵対的共存が終わったあとに来るのは政治的、軍事的、経済的大国間の敵対的共存を一つの秩序とする世界です。

リベラル・デモクラシーは、残念ながら限られた国のなかでしか生き延びることは難しい。たとえ生き延びたとしても、今度は破綻した国の人びとにはバラ色に見えるリベラル・デモクラシーの国へ人が動いてしまいます。しかし、人が殺到する国では、皮肉なことにリベラル・デモクラシーを担保する言論空間において、リベラリズムに名を借りた復讐劇が繰り広げられるのです。すでにヨーロッパの国々で排外主義を主張する勢力が台頭していることからも明らかなように、アイデンティティをめぐって争うようになれば、リベラル・デモクラシーは遅かれ早かれ終焉を迎えることになります。もともとの国民以外に、新たに異質な文化を背負った人びとを国民として迎え入れ、民族によらず国民を再定義しない限り、領域国民国家の延命を図る方法はないのです。

おわりに

現代世界がある種の限界に達したという認識で本書を構想したのは、二〇一五年にあまりに多くの事件が世界を襲ったことがきっかけだった。戦争、ＩＳ、テロ、難民。中東・イスラーム世界からの危機が、瞬く間に世界に拡大した。二〇一七年にはアメリカにトランプ政権が誕生し、世界を混乱に陥れている。これらを受けてヨーロッパ各国で排外主義勢力が台頭してきた。国連は懸念と遺憾の意を表明するばかりで、人道の危機の渦中にある人びとを救うことができない。こうして、第二次世界大戦後の秩序は崩壊に向かった。本書でも書いたように、これは新しい世界戦争だと私は認識している。国と国とが連合を組んで全面戦争に乗り出すという二〇世紀の戦争とは違って、中小の脆弱な国家群が相次いで崩壊し、人は国民国家の領域を無視して移動を開始し、流入に直面する先進国もそれを阻止しようとあがいている。こうしているあいだに、リベラル・デモクラシーと絶縁した新しい「帝国」が強大な力を持って生き残る状況が生まれた。トランプ政権下のアメリカでさえ、新たな「帝国」として立ち現れるに至った。

私は、過去四〇年ちかく中東とヨーロッパを見てきた。八〇年代前半にシリア、九〇年代前半にはトルコに留学し、その後、ヨーロッパ各国で当時はまだマージナルな存在とされていた移民たちと対話を重ねた。研究者としては隙間をぬうような生き方しかできなかった。それは悔いることでもないし、自慢することでもない。しかし、期せずして私の歩んできた地域とそこに暮らす人びとが激変の渦中に投げこまれることになってしまった。シリアとトルコとヨーロッパ諸国で起きてきた地殻変動をつないで、世界的な規模での危機の構造を描こうとしたのが本書である。自分では名乗らないことにしているが、私の研究領域は地理学である。歴史の縦糸への関心に比べると、起きている事象の空間的な関係、言い換えれば地理的な把握には関心が集まりにくい。本書で、地域を横断することでグローバル・イシュー（地球的課題）を論じたのは、そのためである。

正直なところ、こんな時代が来るとは思わなかった。日本に暮らす人びとは、危機の核となっている地域から遠いので、まだ実感をもてないと思う。それに、日本のメディアは、世界で起きていることをごく散発的かつ断片的にしか伝えない。そして事件はピンポイントで報じられるのみで、「その後」については誰も知らない。起きている事象が、空間的にどう連関しているかに至っては、まったくと言ってよいほど報じられない。毎日のニュースは国民が知りたがる政治から芸能までを並べているにすぎない。その間にも、難民危機、テロ、シリアやイエメンでの戦争は続き、危機はじわじわと第二次世界大戦後の秩序を担ってきたヨーロッパを蝕《むしば》んでいった。世界を俯瞰《ふかん》して全面的な構造破壊が起きていると、過剰に煽るつもりはない。だが、ここに書いたことが危機の震源であることは動かしがたい。日本人も、いよいよ、この危機に向き合っていかなければならないところに来ているのである。

本書の構成から刊行まで、集英社新書編集部の伊藤直樹氏にたいへんお世話になった。末尾ながら、ここで感謝の気持ちを伝えたい。

二〇一八年八月

内藤正典

図版作成／ＭＯＴＨＥＲ
構成協力／川喜田　研

内藤正典（ないとう　まさのり）

一九五六年東京都生まれ。東京大学教養学部教養学科科学史・科学哲学分科卒業。博士（社会学）。専門は多文化共生論、現代イスラム地域研究。一橋大学教授を経て、同志社大学大学院グローバル・スタディーズ研究科教授。著書に『イスラム戦争　中東崩壊と欧米の敗北』『イスラムの怒り』『イスラム――癒しの知恵』（集英社新書）、『トルコ　中東情勢のカギをにぎる国』（集英社）、『となりのイスラム』（ミシマ社）他多数。共著に『イスラームとの講和　文明の共存をめざして』（集英社新書）等がある。

限界《げんかい》の現代史《げんだいし》　イスラームが破壊《はかい》する欺瞞《ぎまん》の世界秩序《せかいちつじょ》

集英社新書〇九五四A

二〇一八年一〇月二二日　第一刷発行

著者……内藤正典《ないとうまさのり》

発行者……茨木政彦

発行所……株式会社集英社

東京都千代田区一ツ橋二−五−一〇　郵便番号一〇一−八〇五〇

電話　〇三−三二三〇−六三九一（編集部）

〇三−三二三〇−六〇八〇（読者係）

〇三−三二三〇−六三九三（販売部）書店専用

装幀……原　研哉

印刷所……大日本印刷株式会社　凸版印刷株式会社

製本所……株式会社ブックアート

定価はカバーに表示してあります。

ISBN 978-4-08-721054-5 C0231

Printed in Japan

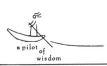

a pilot of wisdom

原発訴訟が社会を変える　河合弘之
奇跡の村　地方は「人」で再生する　相川俊英
日本の犬猫は幸せか　動物保護施設アークの25年　エリザベス・オリバー
おとなの始末　落合恵子
性のタブーのない日本　橋本　治
ジャーナリストはなぜ「戦場」へ行くのか―取材現場からの自己検証　危険地報道を考えるジャーナリストの会・編
医療再生　日本とアメリカの現場から　大木隆生
ブームをつくる　人がみずから動く仕組み　殿村美樹
「18歳選挙権」で社会はどう変わるか　林　大介
3・11後の叛乱　反原連・しばき隊・SEALDs　笠井　潔／野間易通
「戦後80年」はあるのか――「本と新聞の大学」講義録　一色　清／姜尚中ほか
非モテの品格　男にとって「弱さ」とは何か　杉田俊介
「イスラム国」はテロの元凶ではない　グローバル・ジハードという幻想　川上泰徳
日本人　失格　田村　淳
たとえ世界が終わっても　その先の日本を生きる君たちへ　橋本　治
あなたの隣の放射能汚染ゴミ　まさのあつこ
マンションは日本人を幸せにするか　榊　淳司

敗者の想像力　加藤典洋
人間の居場所　田原　牧
いとも優雅な意地悪の教本　橋本　治
世界のタブー　阿門　禮
明治維新150年を考える――「本と新聞の大学」講義録　一色　清／姜尚中ほか
「富士そば」は、なぜアルバイトにボーナスを出すのか　丹　道夫
男と女の理不尽な愉しみ　林　真理子／壇　蜜
欲望する「ことば」　「社会記号」とマーケティング　嶋浩一郎／松井　剛
ぼくたちはこの国をこんなふうに愛することに決めた　高橋源一郎
ペンの力　浅田次郎／吉岡　忍
「東北のハワイ」は、なぜV字回復したのか　スパリゾートハワイアンズの奇跡　清水一利
村の酒屋を復活させる　田沢ワイン村の挑戦　玉村豊男
デジタル・ポピュリズム　操作される世論と民主主義　福田直子
戦後と災後の間――溶融するメディアと社会　吉見俊哉
「定年後」はお寺が居場所　星野　哲
ルポ　漂流する民主主義　真鍋弘樹
ルポ　ひきこもり未満　池上正樹

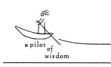